JN147006

NHK
プロフェッショナル
仕事の流儀
3

創造する
プロフェッショナル

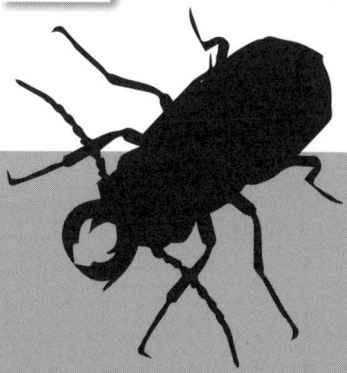

編：NHK「プロフェッショナル」制作班

NHK プロフェッショナル 仕事の流儀 3

創造するプロフェッショナル

目次

はじめに 4

常識を超え、独創を極めよ
発明家 道脇裕 5

未来を拓く、希望のサイボーグ
ロボット研究 山海嘉之 43

ゆっくりでも、止まらなければ、けっこう進む
工学博士 國中均 83

独創力こそ、工場の誇り
町工場経営者 竹内宏 119

突きつめたものにこそ、魅力は宿る
フィギュアメーカー社長 宮脇修一 155

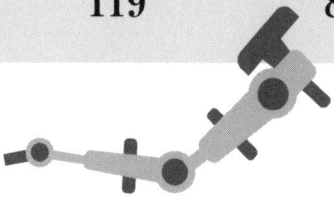

はじめに

このシリーズは、NHKで放送された番組『プロフェッショナル 仕事の流儀』を書籍にまとめなおしたものです。

番組では、さまざまな分野の第一線で活躍しているその道のプロフェッショナルたちの「仕事」をほり下げ、プロフェッショナルたちの仕事にのぞむ姿勢や、その生き方をつらぬく「流儀」を紹介しています。

3巻「創造するプロフェッショナル」では、常識にとらわれない発想で時代を切り開き、これまでにない新しいものをつくりだした、5人のプロフェッショナルたちが登場します。

プロフェッショナルたちの仕事にのぞむ姿勢や考え方をとおして、仕事の奥深さ、働くということの魅力、プロフェッショナルたちの生き方の流儀を伝えられればと思います。

ストーリーの最後には、プロフェッショナルたちの格言をのせています。プロフェッショナルたちのことばが、これからを生きるみなさんの道しるべになることを願います。

「創造するプロフェッショナル」編集部

常識を超え、独創を極めよ

発明家

道脇裕

人は彼を、「天才」とよぶ。
２０００年のあいだ世界中のだれもつくれなかった「ゆるまないネジ」を、
男は、その頭脳でつくり上げた。
でも彼は、小学校すらまともにかよっていない。
生きる意味がわからずに、小学5年で学校を休んだ。
人生を変えたのは、19歳のときの交通事故。
その原因が、男を発明家の道へと進ませた。
常識を超えたアイデアで、不可能を可能にしてしまう人。
新たに舞いこんだ注文は奇想天外。
「ゆるんで欲しくないけど、ゆるめたい。そんなネジをつくって欲しい」
むずかしい課題でも、男はこたえがでるまで考え続ける。
それが自分の使命だから。

✳自由な発想の発明家

東京都品川区にある、とあるベンチャー企業。その人はオフィスにつくなり、社員の設計士をよびました。

「片手でしめていって完全にしめ切ると完了、というようなタイプのネジで……」

テーブルにはペットボトルのレモンティーが3本。「頭をつかっていると脳が糖質を欲しがる」という彼にとって、手ばなせないエネルギー源です。

「じゃあ、ざっくり」

そう言うと立ち上がり、壁のホワイトボードにアイデアを図にしてえがきはじめました。

その人は道脇裕さん。この会社を立ち上げた発明家です。

「こんな感じで、ぎゅうぎゅうしめているうちにしまってきて、そうすると力のない手でしめても、たぶんゆるまない状態になる」

「うん。うん」

設計士は話を聞きながらうなずきます。それは、かつてないネジの仕組みでした。

「いつ考えついた？　さっき？」

設計士が聞くと、

「いやいや、いま」

と道脇さん。道脇さんにとって発明は、息をすることと同じなのです。電車に乗っていても、歩いていても、どんどん考えがわいてきます。中には、「なんの役に立つんだろう？」というアイデアも浮かんできますが、道脇さんは、自分の脳に、自由に発想させておきます。

そんな発想をもとに、道脇さんが世界をおどろかせたのは、２０１４年。発明したのは１本のネジでした。

それは、一度しめたらちょっとやそっとではゆるまないネジ。こわさないかぎりはずせないネジでした。

一般的なネジは、どんなにかたくしめても、振動や衝撃などを受けることによって、必ずじょじょにゆるんできます。それは避けようのないことでした。

しかしそのゆるみが、ときに大きな事故をひきおこします。

たとえば、２００７年に沖縄の那覇空港でおきた航空機の炎上事故。外れたネジが、燃料タンクを直撃したことが原因でした。２０１２年、中央自動車道の笹子トンネル内で突然天井板がくずれ落ちた事故も、天井につかわれていたネジが、古くなって脱落したためにおきました。多数の車が下じきになり、多くの人が亡くなったり、けがをしたりしました。ネジのゆるみが原因でおきたとされる事故は、日本国内だけで毎年70件以上にも上るのです。

このような事故をおこさないためには、大変な労力とお金をかけて、ネジのようすを定期的に点検する必要があります。道脇さんの発明した「ゆるまないネジ」は、こうした問題の解決につながったのです。

そもそも、なぜネジがしまるか知っていますか？

ネジは、円柱や円すいの形をした金属の表面に、らせん状の溝をつけたものです。「ボルト」のように、円柱などの外側に溝があるものを「雄ネジ」といい、「ナット」

のように、内側に溝があるものを「雌ネジ」とよび、必ず一対でつかいます。そして、溝をつけたときにできる突起は「ネジ山」とよんでいます。

たとえば、鉄の板をあいだにはさんで、そこにあけた穴にボルトを入れ、その先にナットをつけて、ナットをくるくると回していったとしましょう。ナットは、回転しながら移動し、鉄板にふれると、その先へは進まなくなります。それでもまだ力を入れてしめると、ネジはしまります。

このとき、もうそれは人の目には見えないレベルの話なのですが、ボルトはナットにひっぱられて、長さがほんの少しのびて

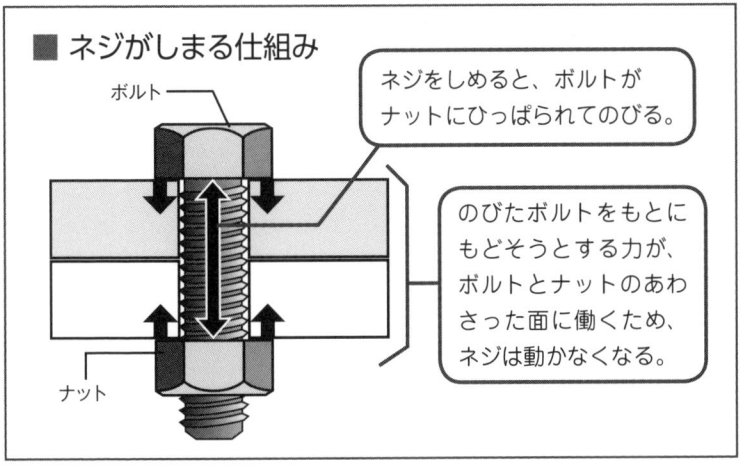

います。そして、のびたボルトはもとの長さに縮まりたいと反発します。その力がボルトとナットのあわさった面に働いて、ネジはかたくしまるのです。

でも、「かたくしまった」といっても、正しくは「ゆるみにくくなった」だけ。振動や温度の変化などで、その力は弱くなり、ネジは自然とゆるんできます。

ところが道脇さんはひらめきました。

「ネジにきざまれているらせんをくふうしよう」

1本のボルトに、ナットを右回りに回すとしまるネジ山と、左回りに回すとしまるネジ山を、特殊な技術で一体化させたのです。

そのボルトに、右回しでしまるナットと左回しでしまるナットをそれぞれの方向でしめれば、振動などの力が加わっても、ふたつのナットは逆の動きをするため、絶対にゆるみません。

その強さは、世界でもっともきびしいとされる、機械をつかった耐久試験でも、ネジを振動させる試験機械のほうがこわれてしまったほどでした。

こうして道脇さんは、ネジが発明されてから2000年以上のあいだ、世界中の

■ これまでのネジ

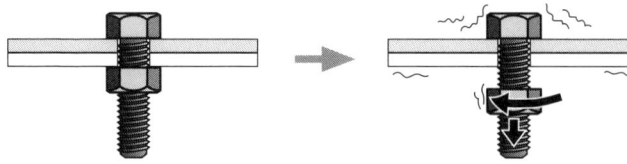

ナットが一方向でしまっているため、振動などの力が加わるとだんだんゆるんでくる。

■ 道脇さんが発明したネジ

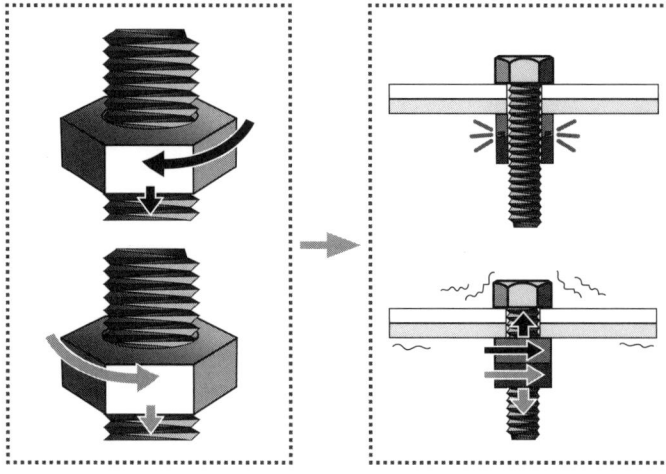

ナットを右回しにするとしまるネジ山と、左回しにするとしまるネジ山を、特殊な技術でひとつにしたため、右回しと左回し、それぞれの方向でナットがしまる。

しまったふたつのナットを結合するため、振動などの力が加わっても、互いのナットは逆の動きをし、絶対にゆるまない。

だれも解決できなかった課題を、なんなく乗りこえてしまったのです。
それができたのは、道脇さんがこう考えたからでした。

不可能を、証明したか

「ゆるまないネジをつくることは不可能だ」
そう聞いた道脇さんは、こう思ったのです。
（え？　そんなもんかな？　不可能が証明されたのか？　証明されてないなら不可能とはいえないだろう……。よし！　じゃあ、ゆるまないネジを考えよう）
そんな発想で、道脇さんは世界初の発明をなしとげてしまったのです。

道脇さんの発想は、ほかの人とはずいぶんちがいます。
たとえばその日、会社の会議室で、ある問題が議論されていました。
「開発中の新しいネジづくりが、うまくいかない」
ネジの試作品をつくっているエンジニアがそう言いました。ネジの形をつくるのは金属をけずるカッターがついた機械ですが、その刃がどうしても欠けてしまい、ネジの表面に、「バリ」とよばれる突起がのこってしまうというのです。エンジニアは、カッターの回転数を1分間に180回転にしても刃が欠けてくるので、もっとおさえなければいけないかもしれない、と言います。

「いま180回転ぐらい？」

道脇さんがエンジニアに確認しました。

「そうですね、150回転から180回転ぐらいのあいだじゃないかな」

「うーん、なるほど」

通常、刃が欠けないようにするためには、カッターの回転数を下げるのが常識です。でも、道脇さんはこんなことを言いだしました。

「うちのマシンって、どれくらいまで回転数上げられるんですか？」

「5000回転ですね」

「最大5000回転？　そうしたら、たとえば5000でやってしまったら？　逆に」

エンジニアは、おどろいてことばがありません。それでも、
「やってみます」
とこたえました。
「そうですね、すぐやってみて」
「あんまり高速にすると、びびってボタンおせないかもしれないけど」
エンジニアのことばに道脇さんも笑いますが、考えは変えません。
すぐさまエンジニアは席を立ち、加工の現場へもどっていきました。
そして20分後。
「４０００でやってみました」
と、道脇さんのもとへネジをもってきました。道脇さんはそれをだまって確認すると、ほかの社員へわたします。
「すごいですね」
みな、そのネジに見とれました。
「同じ刃で速度変えて、こんなにちがうんだね」

それは、先ほどとはくらべものにならないほど、美しい仕上がりでした。きれいになるし、刃のもちはのびるし、加工時間は短くて済むし、いいことだらけで、みんな一気に笑顔になります。

「でも4000という発想は、なかなかないですよ」

そう言われて道脇さんは、なぜうまくけずれたのかは説明しません。ただひとこと、こう言いました。

従来の常識の外側に、こたえがある

道脇さんは、いつもこう思っています。

「専門家とか、すごい技能のある人とか、研究の腕の立つ人とかが、さんざんやってきて見つからないなら、その中にはこたえがない可能性が高い。要は、常識という枠の中にはこたえはない。であれば、常識の外のものをもってきたほうが早いんだ」

そんな道脇さんの発明は、製品の性能だけにとどまりません。

それをつかったり、組み立てたりする人たちの苦労も考えられています。

以前、車の騒音を減少させるための装置を発明したときもそうでした。立体型の道路では、下の道路を走る車の騒音が、上の道路にぶつかって反射し、周囲に広がります。そこで、上の道路の底面にその装置をとりつけて、下の道路からの騒音を吸収させて消滅させてしまおうという装置でした。

ところがその装置は、幅が2センチ、長さが4メートルのパーツで、3キロにわたってとりつけると、数が6万本以上になってしまうのです。

それを一つひとつとりつけるのは、作業員の人が大変だと考えた道脇さんは、その装置に、工具でおさえなくてもかんたんに連結できる仕組みを加えたのです。

「作業の効率が上がると、その分時間が短縮できる」と、作業員の人たちは喜んでいます。

道脇さんはこう思っています。

頭は、心の道具

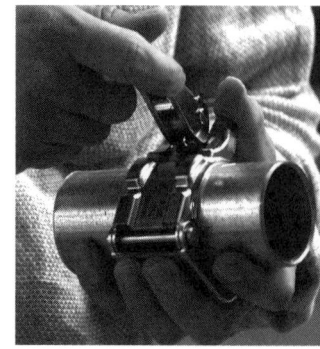

道脇さんが発明した握力ゼロでもペットボトルのふたをあけられる器具（左）と、ワンタッチでとりつけられるとめ金（右）。

「愛情がだいじですね。何かものを考えたり、発明したりとかっていうのは、頭でやる行為かもしれないですけど、頭を動かしている原動力っていうか、指図しているのは、心です。心が頭をつかっているんですよ」

道脇さんはこれまで、高齢者や子どもなど、握力がない人でもかんたんにペットボトルのふたをあけられる器具も発明しました。また、工事現場などで、工具をつかわずに、ワンタッチで500キロもの重さにたえられるとめ金も開発しました。

その発想は、どれもこれも、思いやりという「心」から生まれているのです。

✳自分を探し続けた少年時代

その日、道脇さんは、福岡県直方市に、開通したばかりの橋を見にやってきました。全長は214メートル、幅17・8メートルの勘六橋には、道脇さんが発明した、車や地震などの振動から橋を守る装置がつかわれています。大手メーカーと共同で開発し、従来の半分の大きさで、性能も耐久性もアップさせたのです。

「役に立つといいなぁ。100年、200年ささえられると」

そう言って笑顔で橋を見上げる道脇さんのとなりに、小さな女の子が寄りそっています。旅についてきたのは、ひとり娘の愛羽ちゃん。小学3年生です。手には不思議なものをもっています。長いロープの先に、水の入ったペットボトルがとりつけられていました。

「それは何？」と聞くお父さんに、愛羽ちゃんは笑ってこたえました。

「これは命綱」

愛羽ちゃんの将来の夢は発明家です。お父さんと同じで、いつも発明のことを考えています。

「ちょっとした重りなんだけど、坂道を下りるときに地面においておけば、これが重りになるから。すべらないようにはできる」

「お父さんを超える日も近いかな？」

すると愛羽ちゃんはこう言いました。

「近いかはわからないけど、いずれは超えたい」

道脇さんはうれしそうに娘を見つめ、「自分とちがって、素直に育ったな」と思いました。

道脇さんは、群馬県の桐生市で生まれ育ちました。幼い頃から、何か思いつくと夢中になって実験したり研究したりする子どもでした。

それは2～3歳の頃。祖母が食事のあとに入れ歯を外すと、それを見た道脇さんはさけびました。

「おばあちゃん、目もだしてみて！」

お母さんはそのことばにびっくりしました。

小学校へ上がると、その成績はずばぬけていました。配られた教科書は、1週間ぐらいで読んでおぼえてしまいます。そのため、授業中は勉強をあまりやらなくていいのかなと思うようになりました。

そうすると、だんだんと疑問がふくらんできます。なんのために学校にきているのか、この教育システムって、おかしいんじゃないか。そして学年が上がるにつれ、その疑問は大きくなる一方でした。

自分は何をしたらいいのか？なんで生きているのか？

ついに小学校5年生のとき、道脇さんは親にこう告げました。

「みんなと同じこのシステムに乗ってるのはいやだから、ぼくはおりる。自分の個性がなくなるから」

自ら学校を休むと決めたのです。

でも、だからといって、何をしたらいいかはわかりませんでした。

自分が何者であるかもわからず、社会が何かもわからないし、なんのために生きているのかもよくわかりません。

そのこたえがどこで見つかるのかもわからないまま、新聞配達をやってみたり、チラシ配りをしたり。少し大きくなると、漁師の見習いをしてみたり、とび職をやってみたりもしました。

そうして気がつくと、18歳をすぎていたのです。

同級生は、勉強して大学へ行こうとしています。けれど自分は、それを横目に、まだ自分探しを続けています。

このまま生き続けてもしょうがないんじゃないかと、道脇さんは自分に嫌気がさしてきました。

「ばかを克服するか、それができないなら死ぬか……」

そこまで思いはじめましたが、だからといって死にたいわけでもありません。

ある日道脇さんは紙をとりだし、まとまらない考えを、書きとめていきました。

「こんなことをしたらばかを克服できるんじゃないか」と思ったことを書きだしていったのです。

たとえば、「漢字は知らないから知ったほうがいいな」とか「文章力もないといけないよな。そのためには読書かな」とか。

できあがったリストを見て、道脇さんはがく然としました。

「なんじゃこりゃ！　どっかで見たことある。これって学校カリキュラムそっくりじゃないか！」

道脇さんははじめて気がつきました。

「だから社会は、教育カリキュラムをつくって、子どもたちにそれをやらせて、チャンスをあたえるのか。学校の授業は、やりたいことができるようにさせてあげるための基礎づくりだったんだ！」

そんな矢先、転機は突然やってきました。19歳のとき、道脇さんは交通事故にあったのです。

車を運転中、急にハンドルをとられ、強い力でひっぱられたのです。何がおきた

タイヤを固定するネジが１本とれ、脱輪した事故の写真。

のか、まったくわかりません。ただ、自分の車の横を、すごい速度でタイヤが追いぬいていくのが見えました。

幸い、だれもけがをすることはなく、道脇さんも無傷でした。

事故の原因は、タイヤの脱輪。タイヤを固定させるネジが1本、折れてなくなっていたのです。ほかのボルトについていたはずのナットも、全部ゆるんで、なくなっていました。

（これはまずいでしょう……）

そのとき道脇さんは、とうとう自分の生きる意味を見つけました。

「ゆるまないネジをつくろう！」

そうして道脇さんは、31歳でベンチャー企業を立ち上げ、本当に「ゆるまないネジ」をつくりあげてしまったのです。

この発明は、またたくまに業界に知れわたり、「奇跡のネジ」として、いまではあちこちで役に立っています。

子どもの頃、あんなに悩んだ「自分の生きる意味」。いま道脇さんは、その意味をこう考えています。

だれかのために、何かのために、生きる

「自分だけで生きているのではない。いろんな人にささえられながら存在できる。みんながいてくれる。いろんな生命体があってくれる。だから、とりあえず今日は死なないだろうし、今日を越えられると思う。自分のためだけだったら、存在する価値がない。もう、自分のために生きたいっていう気持ちはまったくない」

道脇さんは、あの事故のタイヤがとれた車の写真を、いまもフレームに入れて、大切にもっています。

✳矛盾したネジに挑む

ある日、道脇さんのもとへ、ある大手の金属加工メーカーから依頼がきました。開発して欲しいのは、直径8センチのネジ。でも、ただのネジではありません。「ゆるんで欲しくないけど、ゆるめたい、そんなネジをつくって欲しいんです」

道脇さんは、さっそくそのネジをつかいたいという現場を見に行きました。

そこは、工業用の大型部品を製造しているメーカーの工場。重さ8トンものハンマーが、真っ赤に熱した金属をたたき続け、部品の形をつくっています。欲しいネジは、その機械につかわれているものでした。

「これは、ネジにとっては最悪な環境ですね」

道脇さんは思わず言いました。

8トンのハンマーが高いところから落とされるたび、機械は激しくゆれ、その衝撃で、見てはっきりわかるほどナットが動いてゆるんでいきます。ゆるみを放置しておいたら機械が故障し、大事故にもつながりかねません。そこで、ゆるみが大きくなると、そのたび作業員が巨大なスパナでナットをしめ直しているのです。

ナットが動かないようにするだけなら、道脇さんの「ゆるまないネジ」で事が足ります。でも、メーカーの人は、

「確実に固定しながらも、かんたんにとり外せるネジでないとこまる」

と言います。それには理由がありました。

ネジは、8トンのハンマーを正確にふり下ろすために、その位置を決める枠を固定していました。その枠は、くり返し上下するハンマーにこすられて、内側が次第にすりへってきます。そうなってきたら、ナットを動かし、枠の位置を調整しなければい

ゆるまず、動かせるネジが必要な巨大な機械。

けません。つまり、機械のメンテナンスをするときは、ネジを自由に動かす必要があるのです。

工場の人は、道脇さんに言いました。

「この機械をつくったメーカーさんとも相談するんですが、なかなか解決できない。手づまりな状況なんです」

道脇さんはさっそく考えはじめました。

「強い振動でもけっしてゆるまず、それでいて、人の手でもかんたんに動かすためには……」

会社へもどった道脇さんは、設計士を前に、さっそくホワイトボードにアイデアをえがきはじめました。

「こうしましょうか。ここの仕組みをギア……、ギアにしちゃう。ツールをここにつっこむ。それでここ、少し開くようにして……」

道脇さんの考えは、「ゆるまないネジ」に、歯車の仕組みをとり入れたものでした。まず、ボルトにとりつけた右回りと左回りのナット、ふたつのナットの内側にギザギザの歯をきざみ、ナットがあわさったときにかみあわさるようにしました。これで、どんな衝撃を受けても、ナットはがっちりとあわさり、動かなくなります。

さらに、ふたつのナットのあいだにリング状のゴムをはさむことを思いつきました。ふだんはゴムの反発力でナット同士はしっかりとかみあわさっています。

そしてナットを動かしたいときは、ふたつのナットのあいだに専用の歯車をおしこみます。するとゴムが縮んで、ナットが少しはなれます。そのまま歯車を回すと、その歯に連動してふたつのナットは自由に動き、位置を調整できるというのです。

「これを加工して組み立てるっていうのは、すごくむずかしいよ。パーツをもうちょっと分けたらなんとかなるかな？」

話を聞いていた設計士はそう言いました。

「分けたくないですね」と道脇さん。

「手品みたいなことをしないといけない」

「ふふふ」

ふたりはしばらく、ホワイトボードの絵を見つめていました。

1か月後。試作機ができ上がりました。

まず、ボルトにふたつのナットをとりつけ、そのあいだに歯車を入れて回してみます。

「とりあえず動きますね」

ナットは、道脇さんのねらいどおりに、歯車の動きにつられてボルトの上を動きました。

「ゴムを入れてみますか？」

エンジニアの問いかけに、うなずく道脇さん。ふたつのナットのあいだにリング状のゴムが入りました。この状態だと、ナットは動きません。

これも道脇さんの言ったとおり、ゴムの反発力でナットは固定されています。ところが、ゴムが入った状態でもう一度歯車をおしこみ、ナットを動かそうとしたときです。

「おかしいな。ロックが解除されない」

専用の歯車をはめて回すと、ナットは自由に動いた。しかし、ナット同士は固定されなくなってしまった。

なんど歯車を回そうとしても、ナットががっちりと固定され、ゴムが入る前のようには動きません。

ゴムの反発力が、想定より強すぎたのです。

道脇さんは、ゴムを外し、もっとやわらかいシリコンチューブに替えてみました。すると、反発力が弱くなったため、歯車を回すとふたつのナットははなれ、ボルト上を動くようになりました。

ただ、シリコンの反発力が弱すぎて、ナット同士をあわせたときに、きっちり固定されなくなってしまいました。これでは、衝撃でナットがゆるんでしまいます。

「ちょうどいい反発力の素材は何か……」

結局この日、最適な素材は見つかりませんでした。

翌日。道脇さんは仕組みを見直していました。

「ゴムなどをつかうアイデアは、やめる。そのかわり、とめ金でふたつのナットを固定します。ナットを動かすときはとめ金を外し、歯車をつかって移動させよう」

さっそく新たなアイデアの試作機づくりが進められました。

4日後。2回目の試作テストです。

ところが、今回もねらいどおりに動きません。

（もっと軽く回るはずなのに……）

道脇さんも首をかしげます。

道脇さんは、固定したナットを1回ばらし、考えます。ばらした部品をしばらく見つめる道脇さん。そして、うまくいかない原因をつかみました。部品が増えたことで、加工のわずかな誤差が積み重なり、動きをじゃましていたのです。

理屈ではうまくいくものも、実際にはいろいろな問題がでてきます。

作業開始から18時間。
解決のヒントが見つからないまま、夜が明けてしまいました。
外の空気を吸いにでた道脇さんは、明るくなってきた空を見上げて思いました。
（もっといいこたえはないのか、もっと最適なものはないのか、もっと最高の解はないのか……）
道脇さんはいつも、こたえがでるまで考え続けます。でてくるまで考え続けるから、でてこないことはないと、信じていました。
道脇さんは、ほかにもたくさんの企業から、新たな技術開発を頼まれています。
道脇さんはそれについて、こう思っています。
「いまやらなかったら、明日がなくなってしまう」
時代が変わっていくこのときを、ささえて進めていくのは自分たちです。解決策を見いだしていくということは、自分たちの世代、あるいは自分自身の使命だと、道脇さんは考えているのです。

こたえがでないことはない。なぜなら、こたえがでるまで考え続けるから……。

「あの世には、何ももっていくことができない。生きているあいだに、だせるものをみんなだして、未来のためにおいていきたいんだ」

1週間後。道脇さんは、ひとつのこたえをだしました。

「精度が問題となるような仕組みじたいを、ぼくはやめたらいいんじゃないかと思う」

こだわって悩み続けたアイデアを、すべて捨てると言いだした道脇さんに、聞いていた設計士はおどろきました。

「この仕組みをやめて、部品をへらしたい。そうすれば、精度は上がると思う」

これまでは、ふたつのナットを一体化させていました。そのアイデアをやめ、それぞれを独立させます。さらに、ナットを移動させるためにつかっていた歯車を、逆に、ナットをロックさせるためのパーツとしてつかうことにしたのです。

「歯車を回さないかぎり、ナットは固定されたままです。いかがでしょう」

設計士たちは、うなずきます。

「シンプルですね」

「だいぶ簡素化しましたね」
道脇さんは声を上げて笑いました。
「じゃあ、設計をよろしくお願いします」

1か月後、3度目の試作テストがおこなわれました。
ふたつのナットを独立させたことで、移動はとてもなめらかです。ナットをロックさせる機能も、まったく問題ありません。
そのとき、道脇さんは、ある道具をとりだしました。それを機械にとりつけると、巨大なナットも片手でかんたんに動かせます。メーカーから頼まれたものではありませんが、作業をする人のためを思って開発しておいたのです。
「これをつかうと、微調整がスムーズにできるよ」
道脇さんは動きを確かめ、ほっとして笑います。
また新たな発明が、生まれました。
「あとは現場でやってみる。それでうまく機能しなかったら、何が問題なのか見きわめて、また解決策を考えて入れこもう」

道脇さんはそう言うと、この日、3本目のレモンティーをおいしそうに飲みほしました。

それから数週間後。道脇さんが発明した新型のネジは、依頼先のメーカーの工場で、期待どおりの働きを見せていました。

だれかのために、何かのために、道脇さんは今日も考え続けます。

人生で、どれだけのものをあとの時代にのこしていけるか。道脇さんの未来に向けた闘いは、これからも続いていくのです。

プロフェッショナルとは

己のプロフェッショナリティーに
特化していて、かつ、
達していること。

可能性を広げるには、まず、己を見つめること。そして己をとり巻くさまざまに目を向けよ。徹底した内観と外観。そのはざまにこそ、自らを最大限に生かす道がある。己をみがけ、自他ともにみとめられる域まで。その道は、他のプロフェッショナルをも生かす道に通ず。

第309回2016年11月14日放送

こんなところがプロフェッショナル！

日々新たな発明を生みだす、道脇裕さん。
こんなところがすごいよ。

わかるまで考える、できるまでやる

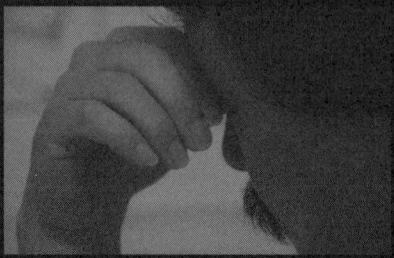

道脇さんは、どんなにむずかしい問題にも、よりよいこたえがでてくるまで最大限考え続け、必ずこたえをだします。頭のエネルギー補給のために、ペットボトルのレモンティーを何本も飲んでしまうほど、ひたすらに考えるのです。

小さなくふうをおしまない

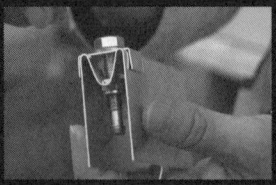

依頼される仕事をこなすだけでなく、作業する人やつかう人を少しでも助けられるようなくふうをこらす道脇さん。工具でおさえなくてもかんたんに作業ができる連結パーツも、その発明のひとつです。

こだわったアイデアを捨てられる

いままでずっと考えてきたアイデアでも、それよりもよい方法を思いつけば、また一からやり直します。ときに、不可能といわれるような難題にも挑戦する道脇さんの、大切な心がけです。

たくさんの視点をもっている

「紙1枚は何面？」と聞かれたとき、表と裏の2面だけでなく、4つの辺も拡大すれば面だし、「燃える」「書ける」などの紙の側面も面です。このようにものを見る視点を増やすことは、発明においてものすごく大きな効果があると、道脇さんは言います。

プロフェッショナルの格言

天才発明家、道脇裕さんのことばを心にきざもう。

常識という枠の中には、こたえはない

ネジが生まれてから2000年ものあいだ解決できなかった課題すら、乗りこえてしまった道脇さん。いままでの常識を打ち破るようなことは、常識の外側にこそ、こたえがあるのだと考えています。

心が頭をつかっている

何かを考えたり、新しい発明を思いついたりするのは頭ですが、その原動力は人を思いやる「心」から。道具をつかう人や、設置する作業者への愛情が何よりだいじだと、道脇さんは考えています。

だれかのために生きる

悩んで見つけた自分の生きる意味。それはだれかのために生きること。「人はいろんな人にささえられながら存在できる。だから、自分のためだけに生きるなら、存在する価値がない」道脇さんはそう考えます。

未来を拓(ひら)く、希望のサイボーグ

ロボット研究

山海嘉之(さんかいよしゆき)

事故で脊髄を損傷し、「二度と歩けない」と医師から告げられた人がいる。
あきらめかけたときに出会ったのは、身につけてつかう特殊なロボット。
1年後、その人は自力で200メートルを歩いていた。
人の意思にしたがって動く、世界初のサイボーグ型ロボット「HAL」。
開発したのは、孤高の科学者。
挑戦をささえたのは、子どもの頃誓った夢だった。
「人の役に立つロボットを生みだしたい！」
どんな困難も、人生に風味をそえるスパイスだ。
そう笑って、また先へ進んでいく。
そんな男に、わらにもすがる思いで助けを求めた家族がいる。
意識障がいの息子とコミュニケーションがとりたい。
男の技術は、家族を絶望の淵から救えるのか。

HAL
ROBOT SUIT

✳人生を変えるロボットスーツ

茨城県のシンボル、筑波山のふもとに広がる筑波大学。その一画にある仕事場に、スーツ姿の男性が重そうなかばんをふたつさげて出勤してきました。

大学院の教授、山海嘉之さんです。自分の研究室につくなり、かばんからとりだしたのはパソコン。それも、2つ3つと、同じノートパソコンがいくつもでてきます。

「新しいコンピューターをもっておかないと、すぐ容量がいっぱいになってしまうんです。データ整理の時間がないんですよ」

人にはそう言っています。次々と研究テーマが増えるので、気づけば同じパソコンが10台以上になっていました。

「先生、区別つきますか？」

学生に聞かれると、

「だいじょうぶ。だいたいわかります。ここがちょっとへこんでいるとかですね」

と、パソコンの角を指さして笑います。でも電源を入れると、

「あれ、おかしいな。これじゃなかった。ちょっと強がりを言ってしまいました。ははははは。わかりました。ぼく、シールはります」

おだやかな口調で、いつも笑顔を絶やさない山海さん。研究しているのは、ロボットスーツ「HAL」。それは、人間が身につけて、はじめてその力を発揮する世界初のサイボーグ型ロボットです。

たとえば、重いものをもてない人がHALを装着すると、100キロの重りを10キロほどのものをもつような感覚で、もち上げることができます。

「うそのように、すいーっと全部上がっていく感じ」

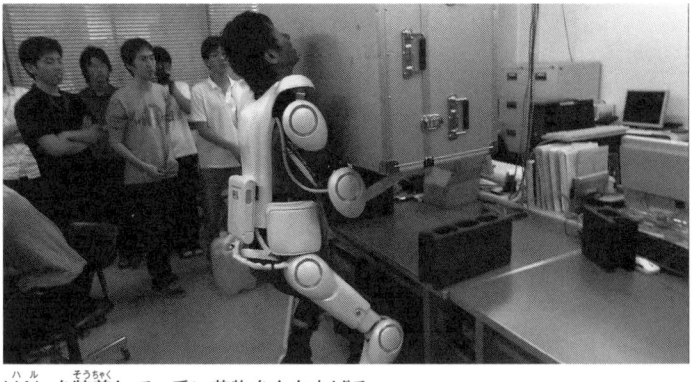

HALを装着して、重い荷物をもち上げる。

体験した人は、とてもおどろきます。

しかも、レバーをひいたり、ボタンをおしたりするような、特別な操作はいりません。HALは、つかう人がもち上げようとすると、身につけた人の体の一部のように動いてくれるのです。

いったいどういう仕組みになっているのか。山海さんはこう話します。

「人が体を動かそうとすると、まず脳から『動かしなさい』という命令が体に伝わっていきます。その命令は脳、脊髄、運動神経を通じて筋肉に伝えられ、体は動きます。どの部分をどのように動かしたいかという脳や神経を伝わってくる情報は、実は皮膚の表面にも微弱な『生体電位信号』としてもれだしています。HALは、皮膚にはりつけた高性能のセンサーでそれを検出して、その信号をコンピュータで解析し、モーターが動くことで、人間の意思にしたがった動きをリアルタイムに実行できるんです」

身につけることで、体を動かそうとする意思を読みとり、体の機能を改善したり、補助したりするロボット。そのつかい道は無限にあります。

たとえば、工場や作業現場などで重いものをもつとき、また、介護施設で体の不自由な人を移動させたりするとき、腰に負担がかかるのを少なくすることができるので、おなじ作業を長く続けることができます。

中でも、山海さんが基礎研究開発当初からひときわ力を入れているつかい道は、体が不自由な人への治療の分野でした。いまや山海さんのロボットは、病気や事故で体が動きにくくなってしまった人の、身体機能を回復させる効果がみとめられるまでになっています。

この日山海さんが会ったのは、50歳のときに脳卒中をおこし、12年間、左半身に強い麻痺をかかえている女性でした。

「自由に歩きたい」

7年前から立つこともできなくなってしまったその女性の思いに、山海さんはこたえたいと思っていました。

山海さんはまず、女性の麻痺した左足にセンサーをつけ、脳からの命令を反映した微弱な生体電位信号をとりだそうと試みます。

脳卒中は、脳の血管が破れたり、血管がつまったりすることです。それによって脳がダメージを受けると、脳から神経へと送られる信号はでにくくなったり、体を動かす筋肉にうまく伝わらなくなったりします。そのために「麻痺」がおこります。

HALは、体が動かなくなっている状態でも、意思と連動した生体電位信号さえ検出できれば、患者さんの意思にしたがって思いどおりに体を動かしてくれます。

そこで山海さんは考えました。脳からの命令が非常に弱くなってしまっていても、その信号をいったんセンサーでひろい、それをロボットに送りだしてロボットの中でととのえ直し、その信号をもう一度人間にもどしてはどうか。人とロボットのあいだで神経の情報のやりとりをくり返すことで、次第に神経と神経や、神経と筋肉のつながり（シナプス結合という）が強くなったりととのったりして、体がまた動かせるようになるのではないか。

「ちょっと足をのばすようにがんばってみてください」

山海さんのことばに、女性は車いすに座ったまま、ひざより下をわずかに動かそうとしました。

「信号、でてないですね」

山海さんは、センサーからのデータを見て言いました。微弱な信号をとりだすことは、かんたんではありません。別の場所にセンサーをつけ直します。

「足をちょっとのばす感じで。がんばらないでけっこうです」

山海さんは、絶えず女性に声をかけ、信号がとらえられる場所を探していきます。

「OKです。はい、わかりました」

弱いけれど、生体電位信号をキャッチすることができました。

さっそく、女性は山海さんのロボット、HALを腰から下に装着しました。立つことにチャレンジするのは7年ぶりです。

「よいしょ」

女性はそう言うと、研究員にささえられて車いすから腰を上げました。HALが、女性の立とうとする意思を反映した生体電位信号をとらえ、立つことを助けようと働きます。

山海さん（写真右）が見守る中、HALが女性の意思を反映した生体電位信号をとらえ、女性が立ち上がる。

山海さんは、女性の前に立ち、笑顔で女性を見守り続けます。

「そうそうそう。ばっちりです。かっこいいです」

「真っすぐ立てたので、足ぶみできますか。右足のほうですね」

山海さんの問いかけに、女性は、右足のかかとをわずかですがゆかからはなし、なんどか上げたり下げたりしました。その表情はずっと笑顔。HALの助けで、苦痛を感じていないのです。

「麻痺している左足で体をささえ、右足を上げることができているってことですね」

山海さんは、女性に寄りそいながら、や

さしく声をかけて安心させました。

〝あなたのため〟から革新技術は生まれる

山海さんの研究に参加しているメンバーは、基礎研究・開発、社会実装※を推進する総勢約150人。脳神経系や身体系の仕組みに詳しい医師、医学者、理学療法士、研究者など、さまざまな分野の人が加わっています。山海さんは彼らをまとめるリーダーで、多忙をきわめていますが、HALをつかう人に寄りそい、現場に立ち会うことをやめようとはしません。

「このひとりの方に対して、ピタッとあわせたものがうまくできれば、その背後にいる、似たような症状をかかえる多くの方々にもつかうことができる。それがひとつまた大きなとびらをあけるようなことになって、また新しい技術の開拓につながる」

山海さんはそう思っているのです。

「いま、立てた……」

女性のつぶやきに、山海さんは目を細めてなんどもうなずきました。いまは目の

※社会の中で実際に役立つものとしてつかえるようにすること

前の女性のためだけに、全力をつくすのです。

✳実用化に向けて

山海さんの開発した世界初のサイボーグ型ロボット「HAL」は、海外の医療関係者にも絶賛されています。

「信じられない可能性がある医療用ロボットです」と、ドイツは、いち早く医療機器としてみとめました。保険もきくので、多くの患者が無料でHALを活用した治療を受けています。

ある女性患者はこう言いました。

「手術直後には車いすでの生活でした。でもHALの治療で1か月たたないうちに歩行器で歩けるようになり、2か月たったいまでは、つえをささえにして歩けるようになりました」

一方日本では、なかなか医療機器としてつかえる認可が下りず、保険もきかない

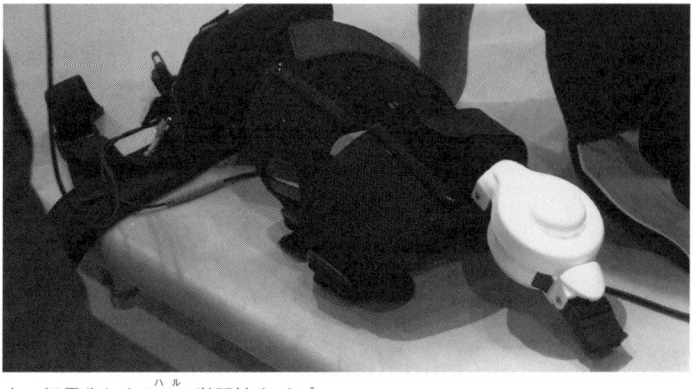

小・軽量化したHAL単関節タイプ。

ため、一部の病院や介護施設などでしか利用できませんでした（2015年11月、医療用HALは医療機器としてみとめられ、2016年1月に保険適用が決定されました）。

山海さんは、そんな施設の協力も得て、HALをつかったときのデータを集めています。中には、「高齢の患者はHALをつかうときにつかれやすい」などのきびしい意見もあります。そんな現場の声に一日でも早くこたえるため、山海さんは日々改良を続けているのです。

この日は、7年がかりで開発した新型のHALの実用化に向けた試験がおこなわれました。

それは「HAL単関節タイプ」。体全体ではなく、ひざやひじなどひとつの関節だけにつける小さなロボットで、重さは、脚につける下肢用HALの8分の1しかありません。機能を改善させたい部位に装着し、重点的に意思にしたがった動きをくり返すことができます。

試験に協力してくれたのは、5年前に自転車で転び、脊髄にダメージを負って右半身に麻痺をかかえている男性。山海さんのもとで2年間歩行運動をおこない、現在はつえをささえに歩けるようになりました。でも、まだひざの関節は曲がらず、どうしてもつっぱってしまうのです。

山海さんは、座った男性のひざにセンサーをつけ、脳からの指令の生体電位信号のようすを見ました。

「足をのばしてください」

パソコンに映しだされた信号の波形を見て、山海さんは「うーん、なるほど」とうなります。気になるデータがあらわれたからです。

「ちょっと混ざってますね」

男性がひざをのばそうとするとき、「のばす信号」と同時に、「曲げる信号」もで

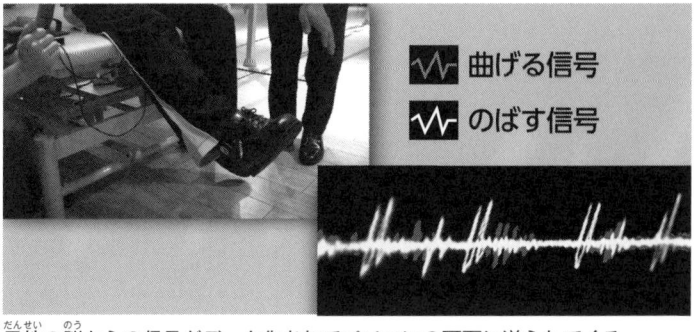

男性の脳からの信号がデータ化されてパソコンの画面に送られてくる。

てしまっていたのです。一生懸命動かそうとすればするほど、脳からさまざまな電気信号がでてしまうのでした。

「がんばらないでけっこうですから」

山海さんはやさしく声をかけ、男性がリラックスできるように、うつぶせになってもらいました。

「じゃあ、曲げてください。がんばらないで、上がるところまでけっこうです」

「そう言われても、思うようにいかないんで……」

男性は、とまどいをかくせません。

男性は、事故から5年間、歩きたいという強い意志で歩行訓練を続けてきました。年齢は67歳。年をとるほど家族のサポートが必要になり、日に日にあせりが強くなっていたのです。

それでも、回を重ねるたびに、男性とHALの動きはスムーズになってきました。訓練5回目のこの日、男性はついに感覚をつかんできました。

「全然がんばってないです」

と男性は言いました。

山海さんは、男性のひざ下をだきかかえ、笑いながら男性をはげます。

「けっこう力強いですね。わたしの体がゆさゆさとゆれますよ」

センサーがとらえる生体電位信号は、とてもきれい。曲げるときとのばすときの信号が、はっきりと分けてだせるようになっていました。

「これが興味深いんです。ご本人は同じようにやっていても、意思に応じて動かすことのできる筋群が増えてきているんですよ」

データを本人に見せながら、山海さんは説明しました。

「楽です。最初にくらべると」

男性の顔もほころびます。HALによる治療を続ければ、やがてひざを曲げる信号が、脳から筋肉へときちんとでる日がくるかもしれません。

「みごとに改善してるといえるわけですよね、先生」
「ええ、そうです、そうです」
「スイッチが入ってきた感じ」
同席した研究員も、思わず言いました。
「その表現、いいね」
と山海さん。3人は声を上げて笑いました。
人の役に立つ技術が、また一歩実用化に近づきました。
「病気や障がいがある方々は世界中にたくさんいる。そういった方々に一日も早くこういう技術を届けることが、ぼくの使命だ」
山海さんはその思いを、さらに強くしました。

✷ただ、夢に向かって

研究に没頭するあまり、山海さんは食事に長い時間をさくことがありません。その日の昼ご飯も、コンビニエンスストアのおにぎりにカップのお味噌汁、そして野菜ジュース。

「何を食べてもおいしいと思ってしまうんです。こういう袋に入ったものばかり食べていると、これを『お袋の味』とよんだりね」

ギャグを飛ばして笑いながら、すぐに目はパソコンへ。おにぎりを頬ばりながらも仕事を続けます。かけている眼鏡は、お風呂に入るときも眠るときも、一日中外しません。人にはこう言って笑います。

「眼鏡はぼくにとっては下着みたいなもの。かけていない人に対して『だいじょうぶですか?』と聞きたくなるときもありますよ」

帰宅は、いつも深夜の2時や3時。家族はすでに眠りにつき、家は静まり返っています。山海さんも眠るのかと思いきや、またパソコンを開いて、結局明け方まで仕事をしました。

生活のすべてを研究にささげる山海さん。その原点は、少年の頃にさかのぼります。

岡山県岡山市に生まれた山海さんは、幼い頃からちょっとしたことに疑問をもつ子どもでした。手足の指を動かしてはじっと見つめ、「なんでぼくの指は動くんだろう？」と考えるようなところがあったのです。

そんな山海さんの運命を決定づけたのは、小学3年の頃に読んだ本でした。母が買ってくれたSF小説、『われはロボット』です。

アイザック・アシモフが書いたその小説には、人間とロボットがともに生きる近未来がえがかれていました。想像もできない未来の物語に、山海さんは夢中になりました。

「子守りロボットとか、ひとの心を読むロボット。社会がどんどんロボット化していくなんて！　ぼくも将来は、そういうものをつくりだしていける科学者（博士）・研究者になってみたい！」

思いは強くなるばかり。ついには小学校の文集に、「ゆめ」と題してこんな作文を書きました。

「ぼくは、大きくなったら科学者になろうと思う。自分の研究所でロボットを、よりすぐれた物にしようと思う」

ⓒ Prof. Sankai, University of Tsukuba / CYBERDYNE Inc.

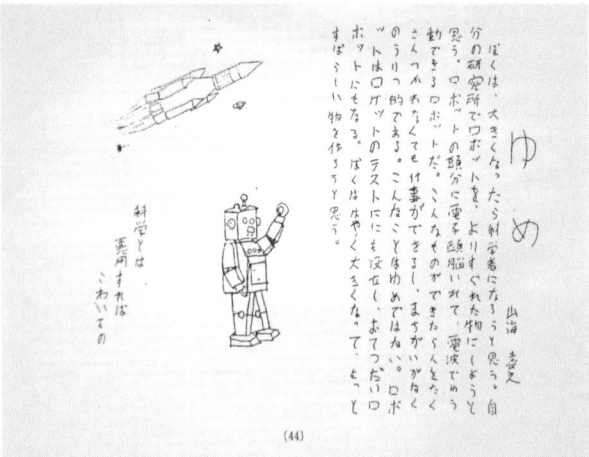

ゆめ

山海 孝之

ぼくは、大きくなったら科学者になろうと思う。自分の研究所でロボットを、よりすぐれた物にしようと思う。ロボットの頭分に電子頭脳いれて、電波でめうさんつかわなくても仕事ができるし、まちがいがなくのうりつ的である。こんなことをゆめではない。ロボットはロボットのテストにも役立し、あてつだいロボットにもなる。ぼくはなやく大きくなって、と、とすばらしい物を作ろうと思う。

科学とは
研究すれば
こわいもの

(44)

小学校時代の山海さんの作文。この信念はいまも変わらない。

早く大きくなって、人の役に立つロボットを生みだしたい。山海さんはそう心に決めたのです。

成長した山海さんは、筑波大学の大学院に進学。本格的にロボットの研究をはじめました。当時のロボットは、工場で製品を組み立てるような産業用がほとんどでしたが、山海さんのつくりたいロボットは、それとはちがいます。

「自分のつくるロボットは、こまっている人の助けにもなる、身近なものでありたい」

しかし、3年がすぎても、具体的なアイデアが固まりません。

山海さんは、考えたあげく、学会に属するのをやめ、論文を書くこともやめてしまいます。それにさく時間がもったいない、という理由でした。

それは研究者にとって常識外れの行動でした。学会とは、学者が集まって研究成果などを発表する会合です。論文は研究結果を文章にしたもので、学者にとってそれを書いて発表することは、欠かせない仕事なのです。

それを両方やめてしまうことは、研究を評価される機会を失い、研究のためにかかるお金を十分もらえないことを意味していました。

「そんなとっぴょうしもないことはやめろ」

「研究者としてやる気はあるのか」

仲間は心配しました。でも、山海さんはそれほど気にしていませんでした。

「こだわるところは、学会や論文じゃない」

と信じていたからです。

それから山海さんは、ひとりで勉強し、研究を続けていきました。そして3年をかけて未来デザイン（人とテクノロジーが共生する「あるべき姿の未来」）をまと

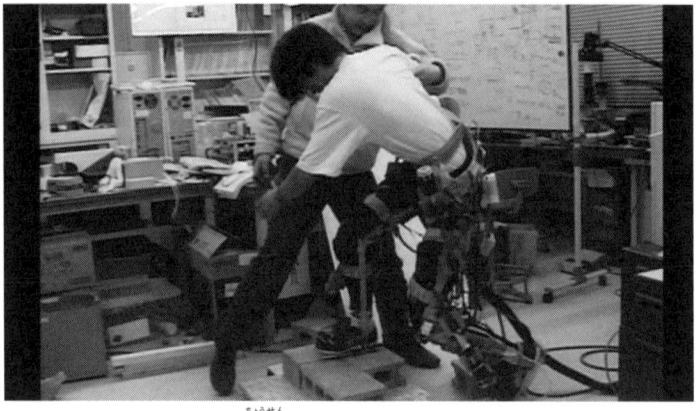

数万回の実験をくり返し、挑戦を続けた。

めあげ、新しい学問領域をつくりました。

それは工学（ロボット、情報技術、人工知能など）、医学、心理学、法律、経済、倫理など、さまざまな分野をひとつにまとめた、「サイバニクス」という、まったく新しい考え方でした。

「いままでの考え方は、人に似せたロボットが人間のかわりに何かをおこなうというもの。そうじゃなくて、人と一体となって、人の能力を飛躍的に広げるサイボーグ型のロボットがつくれないだろうか」

山海さんは協力してくれる人たちとともに〝身につけた人の体の一部のように機能するサイボーグ型ロボット「HAL」〟の基礎研

究開発をはじめます。

けれど、ロボットの研究は、むずかしいチャレンジの連続でした。

HALを身につけた人が「足を動かそう」と足をだしても、脳から体に出す「動け」という指令のスピードにHALの反応がついていけません。思わず、動かそうとするだけでなく「動け動け」と自分の体に声をかけますが、装着しているロボットが反応しないために、そのままたおれてしまうのです。

改良を重ね、実験はなんどもおこなわれました。実験の結果を受けてさらに改良を進め、また実験、ということをなんどもくり返しました。たおれそうになる装着者を、まわりの研究員があわててささえることもありました。

それでも山海さんはあきらめず、研究に打ちこみます。家に帰ってベッドで寝たのは、年にたったの数回ほどでした。チャレンジの連続の中で、山海さんは呪文のように、あることばをとなえていました。

「スパイシー」

研究開発だけではなく、「人に役立つロボット」を実際につかってもらうには、ルールづくりなど解決しなければならないいくつもの課題があるのですが、「はて、こまったな」というとき、山海さんはこう考えます。

「こまったことも、人生の中の調味料（スパイス）みたいなものです。苦労であっても苦痛ではない」

そう言って、「スパイシー」と叫ぶと、また先へと進んでいきました。

「死ぬ気でがんばります」ではなく、「かぎられた人生の中で〝生きる覚悟〟をもって生きていこう」。それが山海さんの生き方なのです。

「あきらめようと思うことはないんですか？」

チャレンジが続く中でそう聞かれると、山海さんは、笑って首をかしげながら言いました。

「あきらめる？　逆に聞きたいですね。どういうときにあきらめるんですか？　何かやって、3年後だめだったらどうしよう？　なんてことを思っていたら、未来開拓への挑戦なんかできやしませんよ」

✳やさしく、力強く

そうして構想から10年後。

ついに、世界初のサイボーグ型ロボット「HAL」が誕生したのです。

HALは、第一世代の1号機、第二世代の2号機、3号機、4号機、そして2005年に愛知万国博覧会（愛知万博）で発表されたHAL-5というように世代交代を重ね、そのたびに進化しています。いま、革新的な治療ロボットとして実用化されているHAL医療用も、長年の独自の研究成果をもとに開発されていますが、その基本形となっている全身型のHAL-5の性能は圧倒的でした。HALを身につけると、100キロもあるような荷物でも、もち上げようとすると軽々ともち上げられるのです。

画期的なロボット「HAL」誕生のニュースは世界をかけめぐり、山海さんのもとには、欧米から「その技術が欲しい」という依頼が殺到しました。目的を聞くと、「軍事的に利用したいのだ」といいます。山海さんはその依頼をすべてていねいに断りました。

「ぼくの夢は、人々の生活をささえる身近なロボットをつくることです。それは人を幸せにするものでなくてはなりません」

小学生のときのあの作文にも、最後にこう書いていました。

「科学とは悪用すればこわいもの」

山海さんの信念は、少年の頃からゆるがなかったのです。

✳想いを、背負って

山海さんは、HALの技術をさらに進化させようと、新たな技術を開発しました。それは、脳から体へ伝達される命令を生体電位信号としてとりだし、体を動かすためのロボットに接続するのではなく、文字の入力などをするためのパソコンに接続する技術です。

世界には、「ALS」という、全身の筋肉が弱り、やがて動かなくなってしまう難病をかかえている人がたくさんいます。しゃべることができず、指を動かすこともできなくなると、人に気持ちを伝えることもできなくなるのです。

目の動きなどで文字を追い、気持ちを伝える装置はありますが、もし山海さんのその技術が確立したら、はるかに早く確実にコミュニケーションがとれるようになる可能性があります。

ただ、難病をかかえる人の生体電位信号はとても弱かったりまばらであったりするので、それをきちんととりだすにはさらなる開発が必要です。

「とにかくなんとか成功させたい。やるからには期待にこたえたいと思っています」

そして山海さんは、その後1年がかりで、家庭でもつかいやすいコンパクトなサイズの装置をつくりだしてしまったのです。

「これなら体にとりつけていられるから、車いすでもベッドでも、どこでもつかうことができますね」

と山海さんはうれしそうに語ります。

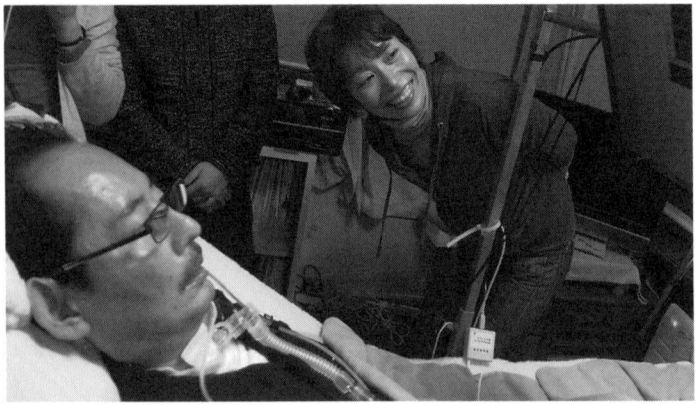

生体電位信号を検出することでコミュニケーションが可能になった。

実用化に向け、現場でのテストもはじまりました。

ＡＬＳで体の動かない男性が、センサーを体にはりつけました。そして体が動いていたときの動作を思い出し、その動作をするつもりで、パソコンにいまの気持ちを打ちこんでいきます。すると、

「それは楽しみ」

パソコンの画面にメッセージがあらわれました。それを見て、そばでじっと見守っていた人たちはびっくりして言いました。

「動いてます。すごいすごい！　画期的どころじゃないです。３段階くらい技術が飛んじゃった」

山海さんは、この脳からの命令を、意思を反映した生体電位信号としてとりだす技術を、ある人の症状にも適用できないか考えていました。

その人は、33歳の男性です。

12年前、サッカーをしているときに突然心肺が停止し、脳に酸素がいかなくなったために、重度の意識障がいをかかえてしまった人でした。

医師の診断は、「遷延性意識障害」。自力で呼吸をしたり、眠ったりすることはできますが、意識があるかどうかはわからず、「コミュニケーションをとることはきわめてむずかしい」と言われてきたのです。

「生きているのに、こちらの言うことがわかってない。どういうことなのか納得できない……」

男性の両親は苦しみながら、息子とコミュニケーションをとる方法を模索し続けてきました。

いまでは、男性の表情のわずかな変化を見て「何か言いたいことがある」とわかります。でも、何を本当に言いたいのかは、わからないのです。

「息子のやりたいことを実現することがわたしの生きがいです。向き合う勇気をもつために、山海先生の力をかりたい」

そう思って、親子は山海さんを訪ねました。

「こんにちは」

笑顔でむかえた山海さんは、さっそく男性の運動意思を反映した信号を、とりだせるかどうか調べはじめました。脳に重いダメージを受けているので、その信号は超微弱ですが、母親がいつもふれている男性の手からなら、生体電位信号がとりだせる可能性があると考えました。

「こうやって、左の手をぐーっと曲げてください」

男性によびかけながら、自分の左手の指を曲げ手首のほうへ動かしてみせます。男性の左手は動きません。ただ、センサーを通して、ほんのわずかですが生体電位信号の波形が動きました。

「これが彼の意思だとしたらすごいね」と山海さん。

でも、ほんのわずかな信号で、これが男性の意思なのかどうか確信はありません。

「ひざとかどうでしょうか？　ちょっと失礼しますね」
ひざや足の裏にもセンサーをとりつけます。
「右の足の指をぎゅーっと曲げて」
足は曲がりませんが、手よりも大きな反応がでました。しかし、やはりこれが男性の意思を反映しているのかどうかはわからないのです。
3週間後、そのデータを慎重に分析した結果が、山海さんのもとに届きました。
「なーるほどね、こうなっていたわけか」
十数秒に1度、規則的に反応が計測されていました。それは、運動意思を反映した信号ではない可能性が高いことを、しめしていました。
「これは、確かにむずかしいね……」
山海さんは思わずつぶやきました。でも、男性がまったく反応していないともいいきれないと、山海さんは考えました。
「何かしようとして、この3分間ずっと……、ずっとがんばっている可能性もあるかもしれない」

難病をかかえる人たちや家族の想いが、山海さんの原動力だ。

ほかに確認する手段はないのか、山海さんは深く考えはじめました。

その夜、男性の父親から山海さんにメールが届きました。

「いままでどの医療機関も、これだけ徹底的に調べてくれたところはなかったので、地獄に仏の心境でした」

そこには、息子とコミュニケーションがとれるようになることへの強い期待と、深い愛情があふれていました。

難病をかかえる人々やその家族は、わらをもつかむ思いで山海さんのもとを訪ねてきます。でもその思いに、山海さんの技術はまだこたえきれていません。

メールを読み終えた山海さんは、目をとじ、

「いろんな方々の想いとか……いろんな想いがみなさんありますからね……」

そう言って、しばらくだまりこんでしまいました。

ポケットからハンカチをとりだすと、けっして外さない眼鏡を上げて、こみ上げる涙をぬぐいます。

やがて姿勢を正してパソコンに向かうと、自分に言い聞かせるようにつぶやきました。

「がんばらないといけません」

〝想い〟を力に

男性の2回目のテストの日です。

「昨日は興奮して寝てないんですよ」

とお母さん。山海さんは、特別に改良した高感度のセンサーで、反応がでやすいと

考えられる顔から電気信号をとりだせないかとためすつもりです。
「顔の右側の筋肉がキッと上がるんです。よくニッと笑ったりするので」
お母さんはそう言います。
さらに首の筋肉や手、足など、可能性が考えられる場所をすべてためしていきました。さわったり、声をかけたりすることでも、男性の反応をひきだそうとしました。
しかし、
「一定です」
データを見つめる研究員がそう告げます。はっきりした信号をとりだすことはできませんでした。
「好きな音楽とかあるんでしょうか？」
山海さんは唐突に、音楽をかけようと言いだしました。聴覚を刺激してはどうかと思ったのです。
テストにつきそってくれていた、男性の高校時代の同級生が言いました。
「ゆずの『夏色』は、彼が高校2年生のときに友だちの誕生日にあげたはずなので、たぶん印象深い曲だと思う」

さっそくその曲をかけると、山海さんは男性に声をかけます。

「リズムに乗ってちょっとスイングしましょうか。体をこうグイグイと」

そのとき、わずかですが、センサーがこれまでとはちがう信号をとらえました。

「ちがうでしょ？」

山海さんには確信がありました。

データを見つめる研究員もこたえます。

「はい、ノイズ（よけいな信号）ではない」

「ノイズじゃないよね。お母さん、手をにぎってみてください」

山海さんは、お母さんに息子さんの手をさするようにうながしました。

するとまた、規則的ではない信号がでたのです。

2か月後。2回目のテストの分析の結果がでました。

そこには、音楽を流しはじめたときに突然でてきた信号、そして、お母さんがさわっているときにあらわれた、規則的ではない信号が検出されていました。
男性の意思を反映した信号かどうかはわかりません。でも、外からの特定の刺激に、確かに反応した証拠でした。
「つまり……」
山海さんは、次につながるアイデアをふくらませはじめました。
「彼に音楽をくり返し聞かせ、信号をだす感覚をおぼえてもらいます。そしてこんどは逆に、彼が信号をだしたときに音楽をかけ、反応を返します。こういうことをしたときに、こういうことをしてもらえるという関係づけをやっていけば、それがコミュニケーションにつながるかもしれない」
分析結果を見ながら、山海さんはまた深く考えはじめました。
困難をかかえる人々がいるかぎり、山海さんの研究は終わりません。
「人間の生きる時間にはかぎりがあります。それがある以上、とことんスピードアップしてやる。わたしの時間がゆるすかぎり、いっしょに伴走していきたいです」

プロフェッショナルとは

「自分自身がとことんやりぬいたことに対して、
次の瞬間には、その自分がやりぬいたことを、
さらに超えていこうとする、
そういう気持ちをもっている人たちのこと、
あるいはそういう気持ちをもち続けていく、
チャレンジャーのような人。
それが、プロフェッショナルというもんじゃ
ないでしょうかね。

第221回2014年1月20日放送

こんなところがプロフェッショナル！

未来をひらくサイボーグ型ロボット「HAL」を開発した山海嘉之さん。こんなところがすごいよ。

一日も早く技術を届けるのが自分の使命

病気や障がいがある世界中の人に、一日も早く技術を届けていくということが、自分のひとつの使命だと考える山海さん。研究を日常的にやり続けないかぎり、技術の進化はないと、生活のすべてを研究にささげています。

寄りそって進化していく

山海さんの技術は、それを利用する人々に〝寄りそっていく〟ことで進化していきます。ロボットをどう改良すればその人の症状が改善していくのか、現場に立ち合い、困難をかかえる人に徹底的に向き合って開発されているのです。

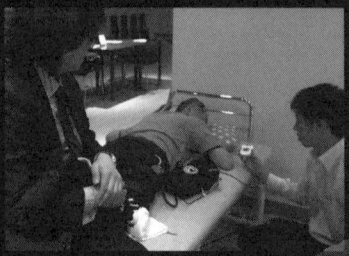

小学3年から変わらぬ想い

「ロボット研究者になりたい！」と思ったのは小学3年のとき。おもちゃではなく実験道具を買ってもらい、家でいつも実験をしていた山海さん。自分に興味のあることや思ったことをつきつめる姿勢は、その頃から変わりません。

想いを力に変える

困難な課題に直面したら、チャレンジ精神でがんばればいい。でもそれとは別に、そこには本人や家族の「想い」がある。だから、自分はその想いになんとかこたえなければならない。なんとしてでもがんばらなければならない。山海さんの原動力は、この「想い」です。

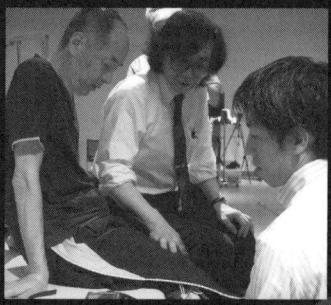

プロフェッショナルの格言

HALを開発した、山海嘉之さんのことばを心にきざもう。

どういうときにあきらめるんですか？

困難な開発を続ける山海さん。無理だとあきらめることはないのでしょうか？「あきらめる？ 逆に聞きたいです。どういうときにあきらめるんですか？」あきらめるという考えは、山海さんにはありません。

「あなたのため」から革新技術は生まれる

たったひとりの方に合うものができれば、その背景にいる多くの方につかってもらえる。それが大きなとびらをあけ、新しい技術開拓につながると、山海さんは言います。

スパイシー

なにか大きな壁にぶつかり「はて、こまったな～」と思うとき、山海さんは、「それは人生の調味料なんだ」という気持ちで、「スパイシー」と叫びながら、次に向かって歩んでいきます。

ゆっくりでも、止まらなければ、けっこう進む

工学博士

國中均（くになかひとし）

宇宙の果てにある、直径わずか540メートルの小惑星。
その探査機は、太陽系と生命の起源を探しに、
60億キロという途方もない旅をして帰ってきた。
ささえたのは、NASAですらつくれなかった夢のエンジン。
開発した男は、大空を自由に飛ぶ夢をいちずに追い続けた人だ。
研究が注目されなかった日々、「ごくつぶし」となじられた。
くやしさを胸に、一歩でも半歩でも歩み続けた。
そして男は、新プロジェクトのリーダーとして、
いま、600人のメンバーを率いている。
小惑星探査機「はやぶさ2プロジェクト」
さらに困難なミッション、未来を若手に託す責任。
問題が山積みの中、絶体絶命の試練がおそう。
未知の分野に挑む者に、うつむいて立ち止まる暇はない。

A. Ikeshita

イラスト：池下章裕

✳宇宙大航海時代の扉を開け

ここは、日本の宇宙開発の中心機関、ＪＡＸＡ（宇宙航空研究開発機構）です。その一室のドアに、名札がわりにおもちゃがぶら下がっています。それは、仮面ライダーカブトが乗っているカブトエクステンダー。

「これ、ぼくがつくったマイクロ波型イオンエンジンを採用しているんだよね」

そう言ってうれしそうに笑う部屋の主は、國中均さん。ＪＡＸＡにつとめる宇宙工学者です。國中さんは、世界で初めて「イオンエンジン」という特殊なエンジンを開発した人です。

２０１０年６月、小惑星探査機「はやぶさ」の奇跡の帰還に、日本国中がわきました。はやぶさは、地球から約３億キロもはなれた小惑星「イトカワ」まで行き、その地表から砂などのサンプルをとって、７年ぶりに帰ってきたのです。その飛行をささえたのが、國中さんのイオンエンジンでした。

イオンエンジンは、ほかのエンジンとはずいぶんちがいます。

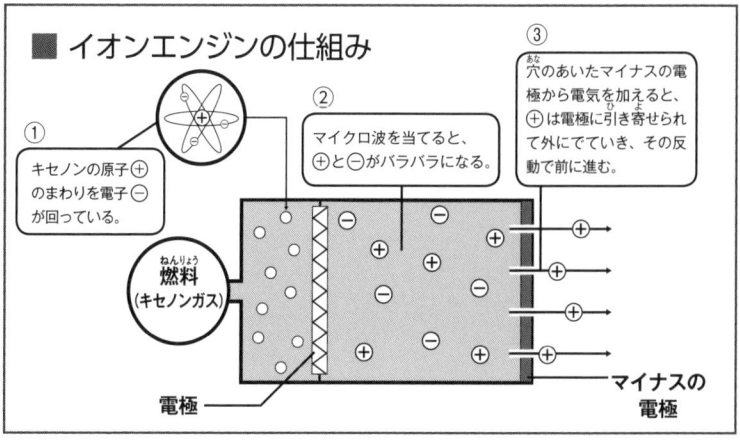

飛行機につかわれるジェットエンジンや、ロケットにつかわれるロケットエンジンは、燃料を燃やし、そのときに生まれるガスを噴射して前へ進みます。一方、イオンエンジンは何も燃やしません。燃料は、キセノンなどのガスですが、ガスといっても、とても燃えにくい気体です。

イオンエンジンは、たまたま存在する電子を激しくゆさぶって加熱し、それをキセノンの原子（物質を形づくるもっとも小さな粒）にぶつけてまわりを回っている電子をはぎとります。電子を失ったキセノンの原子は、プラスの電気をおびた「イオン」になります。

プラスの電気をおびたイオンは、マイナスの電極に引き寄せられます。その電極の板には穴があいていて、引き寄せられて加速したイオンが外へとでていきます。そのときの反動で、前に進むエンジンなのです。

イオンエンジンは、地上では1円玉を動かす程度の弱さしかありませんが、重力のない宇宙では、じょじょに加速し、時速1万キロに達します。何より大きな特徴は、圧倒的に長い時間、動き続けられること。はやぶさは、わずか50キロのキセノンを積んで飛び立ち、その燃料だけで、往復7年間宇宙を飛び続けたのです。

國中さんは、壮大な夢をもって宇宙開発の仕事をしています。

「宇宙に住めるようにしよう。宇宙で人間が生きて暮らしていこう。もし隕石が落ちてきて、地球の気候が変わっちゃったら、ここにあった遺伝子は全部なくなっちゃう。だから火星にも遺伝子をおいておく必要があると思うんだ」

火星で人間が暮らすためには、調べなければいけないことがたくさんあります。たとえば、地球や火星がふくまれる太陽系は、どのように生まれたのか。またわたしたちのような生命をつくるもとになったものが、何なのか。

地球や火星は、誕生したあとに、表面近くの地殻という部分が大きく変化したり、大気や水などによって風化したりしてしまったので、生まれた頃の状態がよくわかっていません。けれど、はやぶさが行ってきたイトカワなどの小惑星は、誕生した頃とあまり変わりがない天体なので、そのつくりを調べれば、地球や、生命の起源を解く鍵を手に入れられるかもしれないのです。

もちろん、人類が火星に引っ越すなんて、かんたんなことではありません。

「〝できないよ、あきらめよう〟って思うのはいつもかんたん。その中で何かこたえを見つけるのがやっぱりおもしろい。こまったときにどんなくふうが発揮できるか。そこに挑戦していって、まあわからなかったりうまくいかなかったりするけれど、でもその限界は、きっと破れるはずだ」

國中さんは、そう思って仕事に向き合っているのです。

そんな國中さんの姿勢は、はやぶさが地球へ帰還する直前におきた絶体絶命の危機も、解決しました。

はやぶさの4つのイオンエンジンのうち、最後まで生きのこっていた1基がついに止まってしまったときです。

（これでもう終わりかな。もう8割方、だめだろう……）

はやぶさプロジェクトのリーダーだった川口淳一郎さんは、心の中で思いました。でもそのとき、國中さんがおどろきの解決策をしめしたのです。

こんなこともあろうと

なんと、はやぶさに、だれも知らないしかけをほどこしていたと告白したのです。それは、生きのこった部品同士を組み合わせてエンジンを噴射する、「クロス運転」という仕組みでした。國中さんが打ち上げの直前にこっそりつけ加えた回路が、死にかけたはやぶさを生き返らせました。

國中さんは、「こんなこともあろうと」ということばが、昔から好きでした。実はこのことば、アニメ『宇宙戦艦ヤマト』で、ヤマトの技師長、真田志郎のセリフです。

――「ははははは、たぶんこんなこともあろうと思ってアステロイドリングにエネルギーの吸収装置をセットしておいたんだ」

このアニメが子どもの頃から大好きだった國中さん。自分でも、この真田技師長のような仕事を、現実にしてしまったというわけです。

「やれること、人の思いつくことは全部やろう。人の想像力で想定されることは、すべてに対応できるようにやりつくそう」

國中さんは、いつもそう思っています。念を入れた準備で、ピンチをさらりと救ってみせる。それが國中さんのひそかなプライドなのです。

JAXAは、はやぶさの後継機「はやぶさ2」のプロジェクトを始動しました。はやぶさの挑戦は成功しましたが、いくつものトラ

イラスト：池下章裕

クロス運転によって生き返り、無事任務をはたした「はやぶさ」。

ブルがありました。その経験を生かして、こんどは別の小惑星をめざして、サンプルを採取してこようというのです。

２０１２年、國中さんは、その任務を指揮する、プロジェクトマネージャーに選ばれました。メンバーは総勢６００人。20の専門分野に分かれ、同時並行で研究を進めていて、國中さんはそれをまとめるリーダーです。

はやぶさ2の打ち上げは、2年後。その宇宙の旅は、はやぶさよりももっとむずかしい旅になることはまちがいありません。

めざす目的地は、イトカワよりもさらに遠い小惑星「リュウグウ」。イトカワより原始的な天体で、太陽系ができた頃の物質が、よくふくまれていると考えられています。そんな小惑星から、砂や気体などをもち帰ることをめざしているのです。

はやぶさ2には、はやぶさにはなかった新しい装置も搭載します。

そのひとつが、小惑星に弾丸をぶつける装置。リュウグウへついたら、そこへ弾丸をうちこみ、直径数メートルのクレーターをつくります。地表よりも、太陽系ができた頃の物質がふくまれる可能性が高い、地中の石や砂をとるためです。

イラスト：池下章裕

人工のクレーターをつくって、地中の石や砂を採取するのは、世界初の試み。

そのほか、地球から遠くはなれた宇宙での高速通信、電気をつくる折りたたみ式の高性能ソーラーパネル、さらにイオンエンジンの改良など、新たな技術はどれひとつとっても、かんたんな開発ではありません。

その日は、プロジェクトの中心メンバーが集まって、開発がどこまで進んでいるかを話し合っていました。

「問題はいくつかあったと思うのですけど、サブシステムごとに報告してください」

國中さんがそう言うと、いろいろな報告がされましたが、中でもとくに話し合ったのは、はやぶさ2の位置を正すカメラについてでした。

はやぶさ2は、初代はやぶさ同様、自分で自分のいる場所がわかります。そして、

つねに「はやぶさ2」プロジェクトの次の一手を考えている國中さん。

自分が行くべき方向を見定めることができる機能をもっているのです。

「時間にともなって、性能が落ちていくような傾向があるんです」

担当者は、データを見せながらそう言いました。

宇宙空間を想定して、温度を激しく変えながら実験をすると、カメラの性能が落ちてしまうというのです。

「まだ原因の特定にはいたってないのが現状です」

こんなとき、リーダーの國中さんは、解決へのヒントをすばやくしめさなければなりません。

「白色光で見ると、ほとんどカメラの性能が落ちる原因が見えないけれど、特定の光だけで見ると、原因がわかるようなことがおきているんじゃない？」

國中さんとて、解決法がはっきり見えているわけではありません。それでも、ひとつの信念が、國中さんをつき動かしていました。

失敗をおそれていては、〝最先端〟は生みだせない

「最先端をつくりだすことが、自分たちの使命だ」。そう思っている國中さんは、よくこう言います。

「うまくいかない可能性が50パーセントあるからやめましょうってなったら、進歩はない。30パーセントも成功する可能性があるんだから、やろうよ。いや、10パーセントでも挑戦すべきだ。挑戦しない研究者なんて必要ない」

國中さんは、時間のゆるすかぎり、開発の現場を回ってアドバイスをします。その日も家路についたのは深夜12時を回っていました。

✷〝お荷物〟研究者の覚悟

久しぶりの休日、國中さんは自宅にいました。部屋を飾るのは、鳥や飛行機など、空を飛ぶものばかりです。

手元の飛行機の模型を指さして、語りはじめたら止まりません。

「これはエンジンが先端についていて、ここが流線形になってるんだ。これでけっこう抵抗がへる。そのかわり全体が振動するから……」

それを聞いて、妻の和美さんは苦笑い。

「わたしにはよくわかりません。説明してくれても、興味がないから」

それでも和美さんは、はやぶさと格闘していた頃の國中さんの姿がわすれられません。

「ため息ばっかりついてたわね。はぁー、はぁーって。顔色も悪くなって」

それは、研究者人生をかけた戦いの日々でした。

國中さんが空を飛ぶことにあこがれはじめたのは、幼稚園児の頃です。

國中均

「将来は、すごい飛行機をつくる博士になりたい！」

國中さんは、その夢をもち続け、東京大学大学院に進んで宇宙工学を学びました。そこで、師とあおぐ人と出会ったのです。

その人は、イオンエンジン研究の世界的パイオニア、栗木恭一さん。

エンジンに「マイクロ波」という電波を利用するという、大胆なアイデアを温めていました。

しかしその案は実現にはほど遠く、だれも注目しません。

「まだ全然、だめだめなんだよ」

そう言いながらも、一生懸命に研究を続ける栗木さんを、國中さんは尊敬していました。

「いまだめっていうことは、のびしろがあるっていうことだ。そんな新領域こそ、ぜひやってみたい！」

國中さんは、なんとか栗木さんのアイデアを形にしたいと、イオンエンジンづくりに取り組みはじめました。

お金がないので、必要な部品は東京の秋葉原を回って中古を買い集め、マイクロ波をだす部品は、電子レンジを分解して手に入れました。

電子レンジは、食品にマイクロ波を当てることで、ふくまれる水の粒を激しく動かし、そのときにでる熱で食品を内部から温めます。「イオンエンジンにマイクロ波をつかう。マイクロ波を当てて電子をゆさぶりイオン化する」という栗木さんのアイデアを、國中さんは、電子レンジからとりだした部品でつくりはじめたのです。

やがて國中さんはイオンエンジンをつくり上げました。でもそれは、アイデアがようやく形になったレベル。実用化できるようなものではありません。

それでも國中さんは、宇宙工学者が集まる学会で、イオンエンジンの仕組みと、それを宇宙探査機につかうアイデアを発表しました。すると、会場からやじが飛びはじめました。

「そんなことできるわけがない！」

さらに、エレベーターに乗りあわせた先輩研究者には、こう言われました。

「君たちの研究、ごくつぶしだよね」

國中さんはショックでしたが、ことばがでてきません。そのうちエレベーターの扉があいて、相手はでていってしまいました。

「なんで言い返せなかったんだ。くやしい……！」

そんなことが、なんどもなんどもあったのです。

そんなある日。

思わぬ人が國中さんを訪ねてきました。同じ研究所ではやぶさの計画を打ちだした、川口淳一郎さんです。初代はやぶさのプロジェクトマネージャーをつとめていた川口さんは、國中さんにこう言いました。

「成功すれば、圧倒的に遠くまで行けるイオンエンジンを、はやぶさにつかいたい」

これをのがしたら、もう二度とはめぐってこない大チャンスです。國中さんはすぐにこたえました。

「やってみせます！」

それからが、格闘の日々でした。

はやぶさが小惑星と地球を往復するには、1万時間の運転にたえられることが必要です。けれど、どうしても國中さんのイオンエンジンは、100時間でこわれてしまうのです。

改良の鍵は、「中和器」の作動電圧を下げることだとはわかっていました。「中和器」は、プラスの電気をおびたイオンがエンジンから外にでたとき、マイナスの電気をあたえてプラスの電気を消すための装置です。そうしないとイオンがもどってきてしまい、前へ進む力がでなくなります。

國中さんは、中和器の内部の磁場の強さや形、そして配置のしかたの組み合わせを、ひたすら考え、実験をくり返しました。

ところが、1年がたち、2年がすぎても、いっこうに耐久力はのびません。

「この研究には、出口がないんじゃないか……」

國中さんは、次第に夜も眠れなくなりました。

「この方法はまちがっているのかもしれない。こたえがないのかもしれない……」

ついに國中さんは、栗木さんに会いにいくと、こらえきれず泣きだしました。

「もう、開発をやめたいです」

師とあおいだ栗木さん（右）と國中さん（左）。

すると栗木さんは、そっと言ったのです。

「歩くのはかまわない。でも止まってはいけないよ」

未知の荒野を歩み続けてきた恩師のことばに、國中さんははっとしました。

「どんなにこわくても、どんなにゆっくりでも、足を前にだすことだけは、やめてはいけない。それが、未知の分野に挑む者の、もっとも大切な姿勢なんだ」

國中さんは、いつこたえがでるともしれない磁石の組み合わせ実験に、もう一度挑みはじめたのです。

そうして1年がたったある日のこと。

いつものように、ある組み合わせをためしたときでした。突然、中和器の作動電圧が30ボルト以下を記録したのです。

それは、イオンエンジンに開発のめどが立った瞬間でした。

ゆっくりでも、止まらなければ、けっこう進む

「ゆっくりでも、信じるものがあれば、きっと進められる。あきらめずに少しずつ、半歩でもいいから前に進んで、どれだけねばるか、ねばれるかなんだ」

國中さんは、栗木さんのことばを、あらためてかみしめました。

✳不可能を超えて

12月。はやぶさ2の開発プロジェクトは、山場をむかえていました。開発中の新型イオンエンジンが、宇宙空間でどんな状況におかれても正しく動くか、さまざまなテストが続いています。テスト用のエンジンでチェックができる期間は、のこりわずか。2月には、いよいよ実際の打ち上げにつかう本番用エンジンの組み立てが

はじまるのです。

ところが1月22日。國中さんのもとに、ある報告が上がってきました。

「本番用のイオンエンジンの組み立てですが、メーカーの部品製造が遅れて、スケジュール的に間に合いそうにないんです」

それを聞いた國中さんは、思わず口調がきびしくなりました。

「もう、あとのこり1年ないんだからね。わかってんのか、担当は？」

「もちろん、わかってると思います」

「大問題になってきたな。いっぺん、しめにいかないといけないな」

國中さんは、イオンエンジンの開発チームを緊急に集めました。すでにスケジュールはぎりぎり。これ以上遅れれば、冬に予定されている打ち上げが危うくなります。

「まじめにやる気、つくる気があるのか？」

國中さんはあきれたというように首をふりながら、メンバーをじっと見つめました。目の前にいるメンバーやメーカーのエンジニアたちが必死の努力を続けていることはわかっています。それでもあえて強い口調で言いました。

きびしい口調でチームに活を入れる國中さん。

「決まったスケジュールまでにものができませんでしたって言ったら、はやぶさ2は飛ばないよ。それ、君たちの責任だよ」

國中さんは、神妙な顔でうつむいている若い男性を指さし、語気をさらに強めました。新型イオンエンジン開発の中心メンバー、細田聡史さんです。

「これいま、一番ここがいまピンチだからね。泣きごと言ってもしょうがないよ。くびになると思ってやってもらわないと。だってそういう仕事でしょ」

細田さんもほかのメンバーも、何も言い返せません。ただ気まずい時間ばかりがすぎていきます。

「まあ、やりきるしかないよ」

國中さんは静かに言いました。

「ほかのサブシステムは、すごくがんばっているんだからね。イオンエンジンだけできませんでしたよっていうわけにいかないよ」

國中さんは、身をもって知っています。どんなにむずかしくても、「絶対実現してみせる」という強い意志がなければ、最先端をねらう開発などできやしない。その強い意志こそが、日本の宇宙開発を高いレベルでささえてきたのです。

國中さんはそのことを知って欲しくて、はやぶさ2のプロジェクトには、細田さんたち若手に責任ある仕事をまかせていました。

「宇宙プロジェクトの仕事は、10〜20年かかる。いまから20年後まで、ぼくはメインプレーヤーとしてはとても働けない。いまの若い人たちにそれを引き継いでやってもらうことになる。そういう20年の仕事の入り口のところに、そのチャンスをつくるのが、たぶんぼくのいまやらなければならない仕事なんじゃないか……」

そんな思いがあったのです。

「このむずかしい開発に挑む中で、自分たちが受け継いできたチャレンジャー精神を、次の世代に伝えたい。これまでも、みんなでバトンをつなぐように、つなげてつなげてつなげて、だんだん育ってきたんだもの」

そのことは、細田さんもわかっています。イオンエンジンの推進力と耐久性をさらに高めるため、この6年間、身を粉にして研究に打ちこんできました。

もうずっと、家族もかえりみず、イオンエンジンのことしか考えてない日々をすごしているのです。

短いお昼休み。細田さんはお弁当をあけました。ひときわおいしそうに、卵焼きが輝いています。

「8歳の息子がぼくのためにつくってくれたんだ。息子のおきている顔なんて、何日もまともに見ていない父親なのに……」

デスクの後ろに飾られているのは、息子さんがかいたはやぶさ2の絵。イオンエンジンが見えるような角度でかかれている絵に、細田さんは力をもらっていました。

メーカーから部品が届く日は、2週間後と決まりました。到着後はただちに試験

プレッシャーと戦いながら、イオンエンジンの開発を進める細田さん。

をおこない、性能を確認しなければならないスケジュールです。

細田さんは、少しでも時間をかせごうと、部品をとりつける練習をしていました。これから先、ひとつのミスもゆるされません。

「やらないと夢にでるんだ。やべーな、あれ確認してないな、とか」

メンバーにそうこぼしながら、細田さんは、考えられるかぎりの準備をしていました。

とうとう、部品が到着する日の朝がきました。まだだれもきていない試験室にあらわれたのは、國中さんでした。

どんなにむずかしいミッションであろうと

も、問われるのは結果だけ。そのすべての責任は、プロジェクトマネージャーである國中さんにかかっています。

「こわいなぁ。すごくこわい」

メンバーには言いませんが、國中さんは、内心不安でたまらないのです。

「大きなまちがいをしているかもしれない。何か月後は、関係者みんなに謝っているかもしれない。でもあんまりそこを考えると、プロジェクトメンバーがおじけづいちゃう」

だから、不安な顔は見せないようにしているのです。

「メンバーみんなこわいにちがいない。最後の一番こわいところは、ぼくがかかえていこう」

國中さんは、どんなにこわくとも、エンジンの組み立ても試験も、細田さんたち若手にまかせると決めていました。そうした一つひとつを彼らの手でやり終えてはじめて、宇宙開発は未来へとつながっていくからです。

夕方、まちにまった部品が、ついに届きました。

ゆっくりでも、止まらなければ、けっこう進む

國中均

「足元注意！」

細田さんともうひとりのメンバーが、梱包された巨大な荷物を車から慎重にとりだし、試験室へと運びます。

ふたをあけると、メーカーの職人たちが、最高の精度でつくり上げた特注品がずらっと並んでいました。

「はあ、深呼吸。さあやるぞ」

マスクに手袋をした細田さんは、自分を勇気づけるように言うと、メンバーにも声をかけました。

「じゃあフライトモデル作業です、声かけ！　慎重にいきましょう」

「はい」

「とりだします」

そう言うと、細田さんは、部品をひとつケースからもち上げました。

「何かあったら声をかけてください」

と別のメンバー。

「はい。とおします」
細田さんの指示で、エンジンへの部品のとりつけがはじまりました。組み上げるパーツの総数は、およそ600。手でもてるほどの大きさですが、そのどれもが替えのきかない一点ものです。
細田さんは、慎重に部品をさしこみました。
「手ばなします。はい、そろそろ。そろそろそろそろ、はい、ストップ」
思わず額を腕でぬぐいます。
「中和器ください。そっちから」
手わたす方向まで指示します。ネジのしめ具合も、一つひとつ入念に確認しながら、作業は進んでいきました。
リーダーの國中さんは、本当に、一度もようすを見にきませんでした。
組み立てをはじめて8時間が経過。時計はすでに深夜12時を回っています。
ついに完成したイオンエンジンを、細田さんたちは、宇宙空間と同じ真空装置へと入れました。これから運命の噴射試験がはじまるのです。

「プラズマ点火させます。では、はじめます」
実験担当者の声に、細田さんは「はい」とこたえました。
「3、2、1　MPAローボルオンしました」
細田さんはモニターを見ると、「点火確認です」とこたえます。
「どちらもついてる。イオン源も中和器もばっちり」
安心して、思わずそんなことばが飛びだしました。
「では次、イオン加速開始しますがよろしいですか」と担当者。
いよいよイオンを噴射し、エンジンを加速させます。
「はい、お願いします」
「3、2、1」
そのときです。細田さんは「おっ」と、一瞬おどろきました。モニターに映ったエンジンの光が、チカチカとして安定しません。
「ちょっと加速が不安定、明滅してます」
そう細田さんは状況を説明しました。

こんなとき、どうすればいいのか。細田さんは考えました。國中さんがいないので、自分たちだけで判断をくださなければなりません。

細田さんはパソコンに向かって状況を調べ、このままつと決めました。回路にのこっていた残留ガスが、一時的に影響しているだけだと考えたのです。

5分後。新型イオンエンジンは、安定して動きはじめました。

「元気についてます。まったくだいじょうぶ、勇気がわく結果！」

細田さんはエンジンのようすを確認し、

「さっきの火が入る瞬間まで『動くはず』だったのが、『動く』に変わった」

力強くそう言いました。

早朝、試験室に國中さんがやってきました。細田さんは徹夜明け。國中さんの姿を見て作業着をはおります。

「チカチカして何かと思ったけど、たぶん残留ガスで。その後すぐなくなったので」

すぐに実験の結果を報告しました。

國中さんはなんども深くうなずきながら、細田さんが話し終えると、こう言いま

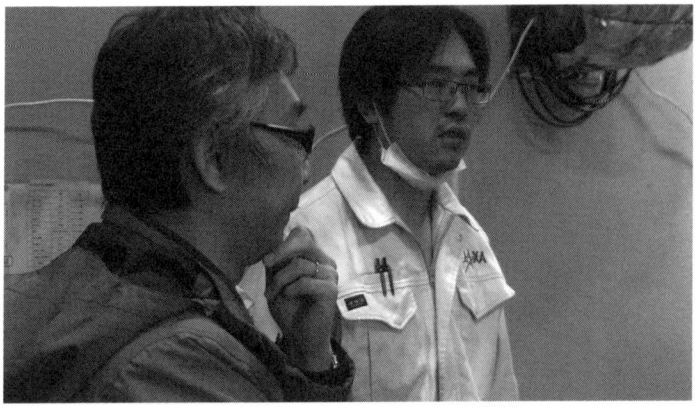

細田さん（右）からの実験報告をうなずきながら聞く國中さん（左）。

した。

「すごいな」

それを聞いた細田さんは、久しぶりに笑顔を見せました。

せまる打ち上げに向け、國中さんたちの戦いは、これからきびしさを増していきます。

それでもいまは、この結果を喜びます。

「グッドラック！」

國中さんは中指を人さし指にひっかけ、幸運を祈るよというジェスチャーをしておどけ、ほかの開発現場のようすを見に、試験室をでていきました。

＊＊＊

はやぶさ2は、2014年12月3日、種子島宇宙センターから打ち上げられました。予定では、2018年の夏にリュウグウへ到着。約18か月のあいだ、その小惑星に滞在し、地球へもどるのは2020年末の予定です。

竜宮城から、どんな玉手箱をもって帰ってくるか、そのときがくるまで、國中さんや細田さんたちの仕事は気がぬけないのです。

写真：読売新聞社

2014年12月3日。リュウグウに向けて旅立つはやぶさ2。

プロフェッショナルとは

生き馬の目をぬくっていうことかなと
ぼくはいつも思っていて、
そのなるべく早くすみやかにそれから
すごくくふうをしてしたたかにするって
いうこと、まあそれがプロフェッショナル
じゃないかなと思います。

第227回2014年4月7日放送

こんなところがプロフェッショナル！

宇宙開発に人生をかけて挑む、國中均さん。
こんなところがすごいよ。

空を飛ぶことへの情熱

小さな頃からロケットだけでなく、鳥や飛行機、『宇宙戦艦ヤマト』のようなアニメに夢中になり、空を飛ぶことを夢見てきた國中さん。その情熱は、語りはじめたら止まりません。

くやしい気持ちも、エネルギーに変える

國中さんがいつももち歩いているノートには、とある企業に協力を断られたときの文書がはってあります。そのときのくやしさをわすれず、どんなネガティブなことでも、自分が前に進むエネルギーに変えていくのです。

次の世代に引き継ぐ

宇宙開発のプロジェクトは数十年にもおよびます。いまだけでなく、次のプロジェクトを進めていくため、自分より若手のメンバーにも仕事をまかせ、その情熱を未来へとつなげていくのも大切な仕事のひとつです。

すべての責任をかかえる

プロジェクトマネージャーである國中さんは、失敗したときの責任をすべて負う、重要な立場にいます。どんなに失敗がこわくても、まわりのメンバーを不安にさせないよう、けっして不安な顔をしないようにしています。

プロフェッショナルの格言

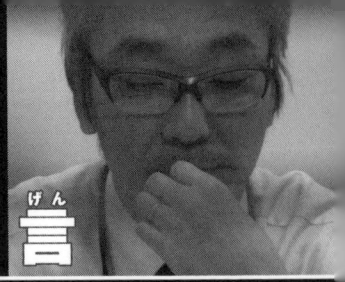

進み続ける工学博士、國中均さんのことばを心にきざもう。

挑戦しない研究者なんて必要ない

宇宙開発の現場は問題の連続。しかし、失敗をおそれず挑戦し続けなければならないと國中さんは言います。挑戦し続けることで、最先端のものをつくりだせるのだと國中さんは考えているのです。

こんなこともあろうと

大好きなアニメで、ピンチを救うときに技術者が言うこのセリフが昔から好きだった國中さん。だれにも教えずにこっそりつけ加えた回路で、はやぶさの地球の帰還直前の危機を救い、このことばを実践しました。

歩くのはかまわない。でも止まってはいけない

「はやぶさ」プロジェクトで、イオンエンジンの開発が進まず、いっこうに成果があがらなかったとき、恩師から、どんなにこわくても、あきらめずに少しずつ、ねばり強く半歩でも進むことを教わったそうです。

独創力こそ、工場の誇り

町工場経営者
竹内宏

その男のもとには、世界中から極秘の依頼がもちこまれる。
つくっているのは、プラスチック部品をつくるための「金型」だ。
小さな町工場の腕に、自動車から文房具まで、製品づくりの命運がかかる。
けれど男が手がけるのは、頼まれた仕事だけではない。
不可能といわれた超小型の製造装置をつくりだし、
製造業界のどぎもをぬいた。
ものづくりひとすじ50年。倒産の崖っぷちに立たされたこともある。
それでもあきらめなかったのは、自分のつくるものの価値を信じたから。
そんな男に、これまで経験のない特殊な仕事が舞いこんだ。
自分と同じ、町工場でふんばる親子のため、
立ちはだかる壁を絶対に越えたい。
「だめだね」なんて、結論をだすのは早すぎる。

✷〝発信する〟町工場

東京都品川区の住宅街。線路ぞいの脇道に、ひときわ古びたトタン屋根の建物があります。人ひとりがやっとぬけられるほどの細い通路を進むと、奥の部屋から何やら話し声が聞こえてきました。

「今朝、テレビ見てたのよ」

「はあ」

「犬の水の飲み方ってのをやってたのね。こうベロがあるとね、こういうふうにしゃくってるんだよね」

男は左手を犬の舌に見立て、内側にしゃくってみせました。

「なんでこうやって内側に入れるのかな？」

聞いているふたりは、突拍子もない問いかけに、どう返していいかわかりません。それでも、人の気づかない目のつけどころには感心しています。

「なんか理由があると思うんだよね。おかしいよね？」

朝の雑談が大好きなこの人は、竹内宏さん。町工場を経営して40年以上になります。疑問をぶつけていたのは、工場の社員。その部屋は工場の事務室をかねた設計室で、事務机が人数分並び、その上にはパソコンがおかれていました。

雑談を終えると、竹内さんはメールのチェックをはじめました。

「おもしろい話がまた舞いこんできたねぇ」

メールを読みながら、思わずつぶやきます。

竹内さんのもとには、国内外のメーカーから、毎日のように相談が寄せられます。メーカーとは、製品をつくりだす会社のこと。原材料を加工して、製品をつくりだし、それを売っている会社です。自動車、家電、コンピューター、文具店……、その分野はさまざまです。

分野を問わず、あらゆるメーカーとの取り引きがある竹内さんの工場。その仕事は、製品の部品を形づくるための「金型づくり」です。

「金型」とは、プラスチックやゴム、ガラスなど、材料を流しこんで、欲しい形をつくるための金属製の型です。

たとえばたい焼きを焼くとき、水でといた小麦粉を流しこむ金属の型があります。これも金型の一種です。この型をつかってたい焼きを焼けば、同じ形のたい焼きがいくつも焼けます。

竹内さんの工場では、こうした金型のうち、プラスチック部品をつくるための金型を専門につくっています。

金型は、ものづくりの基本です。メーカーは、金型をつかってつくりだした部品を組み立てて、製品をつくります。部品の多い製品は、それだけ金型の種類も必要で、金型がひとつでもうまくつくれていないと、でき上がる製品の品質が悪くなってしまいます。

部品づくりに欠かせない金型は、金属のプレートに部品の形の溝をほってつくる。そこにとかしたプラスチック樹脂を流すと、部品ができる。

その日はちょうど、あるメーカーから依頼された金型の最終調整をする予定です。竹内さんは、設計室のとなりにある工場へと向かいました。

その金型は、おとなのてのひらほどの大きさです。太い鉄製のプレートの表面に、とけたプラスチックを流しこむための溝がほられています。

「コンマ2（0.2ミリ）か？」

「PLからね。で、コンマ1（0.1ミリ）下がったんだよね」

社員がふたり、話をしています。

金型は、ふたつの型があわさってできています。完成したプラスチック部品は、ふたつの金型が開いたときにとりだせる仕組みで、そのふたつの型のあわさる面のことをパーティングライン（PL）といいます。ふたりは、厚さわずか0.1ミリの精密部品をつくる金型を仕上げていたのです。

竹内さんは、その金型でつくったプラスチック部品の確認をはじめました。肉眼では見えないので、顕微鏡をつかいます。部品がきちんとできていれば、金型に問題がないとわかります。

「これはね、ゲート（材料になるプラスチック樹脂の入り口）をでかくするべきだと思う。もっともっと入りやすくしといて」

竹内さんは、ふたりにそう指示しました。

金型職人になって50年。技をきわめている竹内さんの指示は的確です。でも、竹内さんのすごさは金型づくりの腕だけではありません。２００４年に竹内さんは、ある機械をつくって世にだしました。

それは、「射出成形機」という、できた金型をとりつけて、部品をつくる機械でした。竹内さんは自分の工場でこの機械をつくり、逆にメーカーに売りこんだのです。竹内さんのつくった射出成形機は、材料となるプラスチック樹脂を入れると、中で樹脂が高温でとかされて金型に流しこまれ、とけた樹脂は、金型の形に応じてさまざまな形状の部品になるというものでした。

メーカーからたのまれて金型をつくっていた工場が、自ら成形機をつくって、逆にメーカーに売りこむということは、それだけでもおどろきでしたが、業界がどぎもをぬかれたのは、その機械のサイズでした。

■ 射出成形機の仕組み

金型をとりつけ、プラスチック樹脂をとかして流しこみ、部品をつくる機械です。

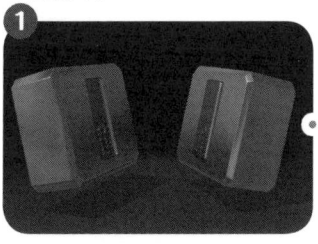

つくりたい形の金型をつくる。

金型を射出成形機にとりつける。

プラスチック樹脂を入れて、
高温でとかす。

とけたプラスチック樹脂を金型に
流しこむ。

プラスチック樹脂を冷やして固め、
金型からとりだす。

樹脂は金型の形状に応じて、
さまざまな形になる。

竹内さんの工場が独自開発した製品。

射出成形機は、もともと巨大な装置でした。小型化するのは不可能だといわれていましたが、竹内さんは、それを卓上サイズにまで小さくし、メーカーの工場のようすを一変させてしまったのです。

「大革命ですよ。コロンブスの卵！」

「小さい部品をつくるには、これじゃなくちゃだめ。これはもう、うちのためにつくってもらったような機械だ！」

この機械を購入したメーカーの人たちはそう言います。

そのほかにも竹内さんは、50以上の製品を新たに開発してきました。

「でき上がりごとにお金をもらう仕事で得た

１００万円の利益と、自分で開発した製品で得た10円の利益、わたしはたぶん同じだと思う。それどころか、その10円のほうが、もっともっと価値が高いような気がするんだ」

竹内さんは、社員にそう言っています。

「たのまれて開発したものは、依頼してきたお客さんのマーケットで、お客さんのお金でやってるわけだ。それはしょせんお客さんのもの。でも、自分で考えて自分でつくったものは、自分のマーケットになる。それはわれわれのものなんだよ」

将来にわたってずっと売れ続けるものなど何ひとつありません。だからこそ竹内さんは、つねに明日売れるものを探し続けています。二番せんじをいくらじょうずにやっても、だれも評価してくれない。だから明日に備えて、どこにもない製品を開発してこそ、時代を先どりできる。竹内さんはそう思っているのです。

その日も竹内さんは、大手文具メーカーとの打ちあわせで、こんな話を切りだしました。

「実は提案があるんです」

「そうですか、何か、新ネタでも？」
とりだしたのは、ある装置の設計図でした。
「プラスチックの加工を、大幅にスピードアップさせる装置なんです」
たとえば、この文具メーカーでつくっているボールペン。カラフルなグリップ部分と、透明な本体の部分は、通常は別々の工程でつくり、あとで合体させます。「二色成形」とよばれる方法です。
「でも、この装置をつかえば、二色成形がもっとかんたんにできます」
竹内さんはそう売りこみました。けれど実はその機械、未完成なのです。
「装置はまだ開発途中ですが、それでもできます」
竹内さんはそう断言しました。
40パーセントぐらいできるかなと思った時点で、竹内さんは「できます」と口にしてしまいます。そう言ってしまった時点で、「実はできませんでした」ということばはなくなります。自分を追いこみ、そのための努力を一気に高めるのです。
数か月後、竹内さんは断言どおり、売りこんでいた装置の試作品を手にしていま

■ 二色成形

ちがう素材を組み合わせて、ひとつに成形すること。このボールペンの場合、グリップのラバーと本体のプラスチックの二色成形。

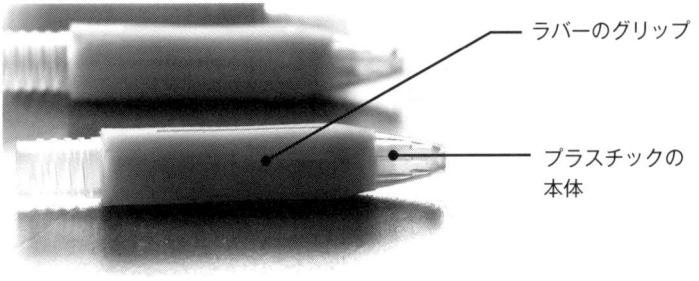

した。

「いいねえ」

装置がプラスチック樹脂を発射するようすを見つめ、竹内さんはうれしそうです。

「でも、もっと小さくつかいやすい製品にしよう。ちょっと図面だけ変えるわ」

竹内さんは、設計図を前に考えはじめました。こだわっていたのは、金型にとりつける射出部分の形状です。

「いまよりとりつけやすくするには、どうするか……」

なんどもなんども設計図を書き直します。

頭の中には、ふたつの思いが入り混じっていました。

「将来この装置を、工場の経営をささえる柱のひとつにしたい」
という願い。
「でも、はたして市場に受け入れてもらえるか……」
という不安。
新製品の開発は、会社の経営者にとって、覚悟を問われ続ける孤独な闘いです。
開発に何年かかるのか？　売れるまでに何年かかるのか？
でも、不安に負けて立ち止まってしまったら、それまでついやした時間、労力、お金など、すべてがむだになってしまいます。

走り続ける信念

竹内さんは、「つくれる。受け入れてもらえる」「信念さえあれば開発できる。ここでひき下がるわけにはいかない」と強く信じ、設計図に向き合い続けました。

半月後。

射出装置がついに完成しました。竹内さんはうれしくて、手にとって眺めます。でも、メーカーはこの装置に興味をしめしてくれるのか、やはり不安は消えません。

「また新しいものを見ていただきたいなあ、と思っているんですけれども」

竹内さんは、ある大手精密機器メーカーに、その装置をもっていきました。かばんからとりだした小さな射出装置に、メーカーの技術者たちは、思わず身を乗りだします。

「成形機とまたちがった考え方でですね……」

竹内さんは、その性能を熱く語りはじめました。

それは、超小型の射出装置。プラスチック樹脂を高温でとかし、圧力をかけて発射することができます。片手で持てるほど小さく軽いのが特長で、金型にじかにとりつけることができます。

「射出成形機で加工したプラスチックに、さらにこの射出装置で別の色のプラスチック樹脂を流しこめば、二色成形が一気にできるんです」

二色成形は、さまざまな製品につかわれています。この方法が確立できれば、多

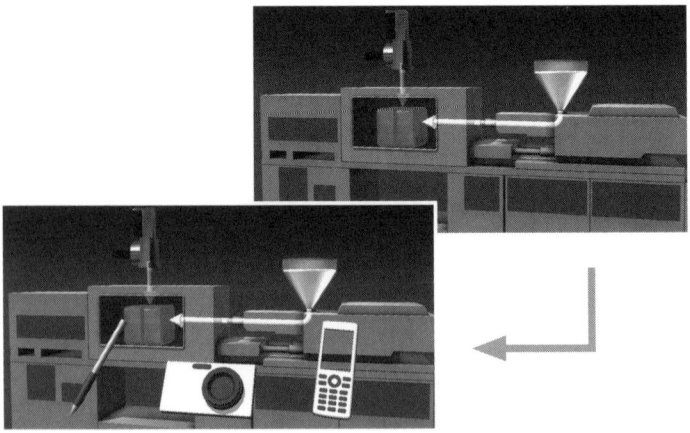

射出成形機に小型の射出装置をつけ、一度に２つの部品をつくる。これにより、従来のプラスチックの加工を大幅にスピードアップできる。

くのメーカーが買ってくれるのではないかと竹内さんは思っていました。

技術者たちが興味津々にその機械を見ています。

「この中にスクリューが入ってるんですか？」

「はい」

と竹内さん。

「これを金型にそのままつけるんですか？」

「そうです」

「おもしろい！」

技術者たちは、これまでにないアイデアにおどろきをかくせません。この装置で広がる可能性を想像すると、自然と笑えてきます。そして、竹内さんにこう言ったのです。

「これからの進め方を具体的にしたいですね」

竹内さんは、新たなマーケットが開ける可能性を感じていました。

✳49歳、奈落の底へ

オリジナルの開発にこだわる竹内さん。その思いは、人生のどん底をはい回る中でつちかわれました。

竹内さんが、ものづくりの仕事にふれるようになったのは中学2年のとき。父親が金型工場で働きはじめたことがきっかけでした。

もともと機械いじりが大好きだった少年は、高校卒業後、金型をつくる工場に就職し、27歳のときには自分で会社をつくって独立します。

最初は順調でした。

大手メーカーからひっきりなしに金型づくりの依頼が入りました。

ところが、創業から12年目。日本の経済状況はかつてないほどに大きく変化し、メーカーは製品づくりの場を、外国へ移しはじめました。そのほうが安くつくれて、もうけが多くなるからです。

（世の中が変わってくる。すぐに仕事がなくなるわけじゃないけれど、金型も、海外との競争に当然さらされるだろう……）

当時、竹内さんの会社には、15人の職人がいました。社長である竹内さんには、従業員に安定して給料をわたし、その家族の暮らしを守る責任があります。

「なにか生きのこる方法はないか……」

考え続けた末、竹内さんはあることを思いつきました。

「仕事をもらうために、金型をもっとつかいやすくしたらどうだろう」

当時、金型はとても大きく、重さが１００キロ近くもありました。そのため、交換にも手間がかかっていました。

竹内さんは、樹脂を流しこむ肝心の部分は別にして、ほかの部分を手軽に交換できるように改良したのです。

「これは立派な商品だ！」

取引先のメーカーは喜び、この製品は次々売れました。このとき竹内さんは悟ったのです。

「独自開発をもっと成功させれば、生きのこれるかもしれない！」

竹内さんはさまざまな開発に着手しました。

中でも力を入れたのが、金型をとりつけてプラスチック部品をつくる、成形機の小型化です。さっそく試作を重ねましたが、それは想像以上にむずかしく、なかなか思うようにいきませんでした。

そんな竹内さんをさらなる試練がおそいます。景気が悪くてメーカーの製品が売れないため、金型の発注が激減したのです。同じ業界の工場が、次々倒産に追いこまれていきました。

竹内さんの工場も、ついに赤字に転落。

「これから給料が下がります」

竹内さんがやむなく従業員にそう伝えると、従業員の半数が会社をやめたいと言いだしました。

「この開発中の成形機がうまくいけば、絶対に売れるようになるから、もうちょっとがまんしてくれ」

そう言ってとめる竹内さんに、彼らは言いました。

「売れるようになるって言ってから、何年たちますか？」

成形機の開発は依然として先が見えません。竹内さんにはなんの約束もできませんでした。

夜はなんども悪夢にうなされました。材料を買っている会社や、お金を借りている銀行などから支払いを催促される夢を見て、おどろいて目が覚めるのです。頭をかすめるのは「倒産」の文字。しかし、

（いま開発をあきらめたら、あとは転がり落ちるしかない……）

竹内さんは、昼も夜もなく、家族とすごす時間も犠牲にして、ひたすら設計図に向かいました。

竹内さんが 17 年かけて開発した、画期的な小型成形機。

そうして開発をはじめて17年後、ようやく納得のいく成形機ができあがったのです。

それは、従来の成形機の20分の1という、おどろくほどの小ささでした。しかも、つかう電力は10分の1で済むという、画期的な機械でした。

それを見た町工場の仲間は言いました。

「おれ、いま、鳥肌が立っているよ」

その成形機は次々と売れ、工場の経営はもち直しました。その後、金型の仕事がへる中でも、竹内さんの工場の売上げをささえ、いまも、収益の4割をかせぎだしています。

竹内さんはこの経験をとおして、ある信念をもったのです。

オリジナルこそが明日の可能性を生む

竹内さんがこのときつくった成形機は、いまもつかわれています。

ある大手メーカーの研究施設を訪ねた日、トップシークレットの場所で、竹内さんの機械が動いていました。苦心して生みだしたその機械を目にした竹内さん。

「感激しますね、ここまでやっていただくとは」

思わず、熱くなる目頭をおさえました。

✳町工場、次の世代へ

6月。竹内さんは福島に向かっていました。仕事を依頼してきた竹村敏明さんに会うためです。

竹村さんは、竹内さんと名字が1字ちがいですが、年齢も近く、やはり町工場の経営者です。

竹村さんの工場は、主に自動車用のプラスチック部品の生産をうけ負っていて、すぐれた技術をもっていました。

「今回新たに、竹内さんの開発した成形機と金型を導入したいんです」

ただそれは、自動車の部品ではないと言います。

「実は、これまで取り引きのなかった医療機器メーカーから、部品の製造を打診されているんです」

その部品は、とてもむずかしい加工が必要な、全長1センチに満たない極細の部品でした。しかもその中に1・35ミリの空洞をあける必要があるといいます。人の体で、ガンなどの最先端治療につかうため、わずかな失敗もゆるされません。

「これはとびきりむずかしい」

竹内さんはそう感じました。竹村さんにも、それはよくわかっています。それでも、どうしてもこの仕事に挑みたい理由があったのです。

「お世話になっております」

打ちあわせに顔をだしたのは、竹村さんの息子の広一さんです。

「なんでまた継ぐ気になったの？」
竹内さんは、さっそく広一さんに聞きました。
「現場でいっしょにふたりでいろいろやってみたいと思いました。まだおやじが動けるうちに、学べること学んで、やりたいなというのがあったものですから」
息子のことばを、目をふせて聞いている竹村さん。実はこの秋、広一さんに工場を託すことにしていました。
「自動車の部品は、どんどん海外でつくられるようになってね。その中で、何か国内にのこる品物も手がけていかないと。せっかく息子が継いでもね」
竹村さんは、息子に工場をゆずるため、今回の仕事で新たな分野への道すじをつけてやりたいと思っていたのです。
それを知って、竹内さんはつぶやきました。
「やりがいがありますね」
うけ負った仕事のめどは7月中。わずかひと月です。

竹内さんは自分の工場へ帰ると、さっそく金型の検討にとりかかりました。

「金型の片側に、ピンをしこんだらどうだろう？　ピンのまわりにプラスチック樹脂を流しこめば、空洞のあいたカプセルができるかもしれない」

ところが、さっそく問題がおきました。

「これ、弾力があるね……」

医療機器メーカーから送られてきた材料のプラスチック樹脂は、人の体にふれるための特別なもので、これまでにあつかってきたものとは性質がちがったのです。

熱を加えても、ねばり気が強く、固まってしまいます。これでは、金型の中に広げるのがむずかしくなります。ためしに成形機で形をつくってみると、

「あっ、こびりついちゃってる」

できたサンプルは、求める長さの半分ほどにつぶれていました。

「金型の開く速度を、いまの倍の時間をかけてくれない？」

竹内さんは社員に指示しました。金型をゆっくり開くことで、形がくずれないようにできるかもしれないと考えたのです。

「冷えるまでまって。電源切って、5分まって」
そうしてできた部品は、わずかに長さはでたものの、求める姿にはほど遠いものでした。
「ええ～。できるのかい？」
想像以上の手ごわさに、竹内さんの口から弱気なことばが飛びだしました。

それから4日後。竹内さんは、ひとつのアイデアをためすことにして、社員に相談しました。
「金型のピンの中にね、さらにひと回り細いピンをしこんで、すき間をつくるんだ。そのすき間に空気を流しこむ。そうすれば、プラスチック樹脂がピンからはなれやすくなって、つぶれるのを防げるんじゃないか？」
竹内さんの話は、これまでにない冒険的な試みです。極細のピンを二重の構造にすることは相当むずかしく、できたとしても、思うようになるとは言いきれません。
社員は竹内さんに聞きました。

■ 竹内さんのアイデア

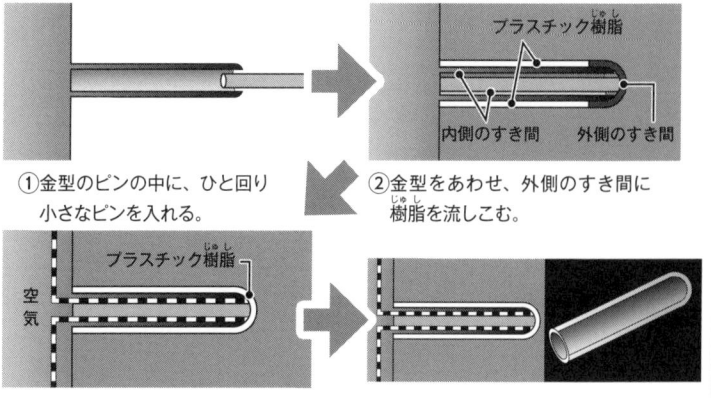

①金型のピンの中に、ひと回り小さなピンを入れる。
②金型をあわせ、外側のすき間に樹脂を流しこむ。
③内側のすき間に空気を流しこむ。
④空気が入ることでつぶれずひきだせる。

「ピンの内径はいくつ？」

「内径はコンマ5（0.5ミリ）。で、外側のピンの外径が1.3ミリ」

社員は、こまった顔をしています。

「ピンの加工はうちではできないんで、とりあえず聞いてみます」

ピンの加工は、専門の業者に依頼することになりました。

「絶対だいじょうぶと思っても、これまで何百回も何千回も失敗している。ただ、失敗することによって新たな解決方法は見つかるよ。何もしなければ何も生まれないけども、失敗すれば、失敗の数だけ解決方法があるから」

竹内さんはそう言いました。

むろん、ピンの加工をまつあいだ、工場でもほかのくふうがためされました。つぶれやすい樹脂を少しでも早く固めるため、金型に水や空気をとおす穴をあけて金型じたいを冷やしましたが、うまく解決しません。

そうして7月も後半にさしかかった頃、たのんでいたピンがようやく届きました。それは、特殊加工がほどこされた直径0.5ミリのピン。それを金型にさしこみます。

「だんだんいいかっこうになってきたよ！」

できたサンプルは、求める長さに少しずつ近づいてきました。

「これなら、竹村さんに、いい報告ができるかもしれない！」

翌日。福島から竹村さんがやってきました。

ところが、目の前でつくってみせると、なぜか、前日までつくれていたレベルのものが、まったくできなくなっていたのです。樹脂が機械にからみつき、試作を続けることすらできません。

竹内さんの額に縦じわが寄ります。

「これ、続けてもしょうがないかな。ちょっと止めよう」
機械を止め、原因を考える竹内さん。
「金型を冷やしてるけれども……」
「温めてみる？」
と竹村さんも意見をだします。
「うん。ひょっとしたら。温めないとだめなんじゃないか？」
竹内さんも竹村さんと同じ考えでした。
「逆もやってみる必要あるね」
その後いろいろと意見をだし合いましたが、結局その日、打開策は見つけられませんでした。
福島へと帰っていく竹村さんを見送りながら、竹内さんは思っていました。
（竹村さんは、自分と同じ町工場。これからのきびしい時代を、息子とともに生きていこうとしている。竹村さんのように後継者がいて、次の世代に投資できる人というのは、そんなに多くないだろう。竹村さんが実績をのこし、それを見て、第2

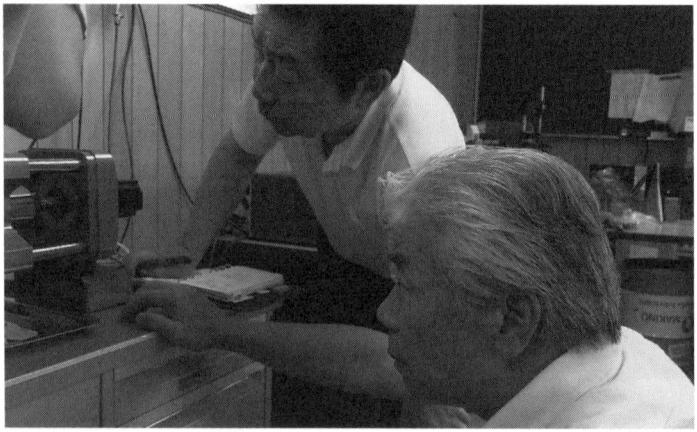

連日連夜試作を重ね、改善した成形機を見守る。

第3の竹村さんが続いていく……。そのために少しでも力になりたい）

それから10日がすぎました。竹内さんは、連日連夜試作を続けていました。

わかってきたのは、金型にしこんでいるピンの位置や角度が、微妙な影響を生んでいること。

「やっと、ここで、なんとか……」

通常より、さらにシビアな精度を求め、竹内さんは調整を続けました。

期限の7月をすぎ、8月に突入。

8月11日、竹内さんの工場に再び竹村さんがやってきました。

今日は、医療機器メーカーが製品につかうと決めた黒いプラスチック樹脂で、本番同様の試作がおこなわれます。ここで結果をださねば、あとはありません。

成形機を見つめるふたりの町工場経営者の前に、できたての試作部品が姿を見せました。

「お？」

手にとった竹内さんの声がはずみます。

「かっこうになるかも！　冷却時間を15秒から20秒くらいに」

竹内さんは、条件を変えてさらにねばりました。

「形になってきたね」

金型から同じ形の部品が次々と生みだされ、台の上に並べられていきます。

「いいね、いいね。こういう状態ならいいよね。やっと形状がでたね」

竹村さんはこらえきれず笑いだします。

そしてふたりはしばらくのあいだ、その部品を目を細めて見つめていました。

「これがスタートライン！」

と、竹村さんは試作した部品を両手で包み、

「今日はやっぱり、これをふところに入れてね。ははははは」

うれしそうに笑います。

秋には、この機械が竹村さんの工場に納品され、息子の広一さんは父からはなれてひとり立ちをめざします。

試作を終え、竹内さんは竹村さんを送っていきました。駅までの道、ふたりは並んで歩きながら、仕事の話はしませんでした。でも、町工場でふんばる男ふたり、胸にいだくのは同じ思い。それぞれの明日へと向かっていくのです。

プロフェッショナルとは

こびないこと、むれないこと、
属さないこと、それと、やめないこと。
やめない、あきらめない。
これができる方ではないかなと思っています。

第194回2011年12月19日放送

こんなところがプロフェッショナル！

独自のアイデアでオリジナルな金型にこだわる、竹内宏さん。こんなところがすごいよ。

仕事をいったん塩漬けにする

新製品の設計をしてアイデアにつまると、あえて考えるのをやめて、仕事をいったん「塩漬け」にするという竹内さん。そのまま続けて考えていても視野がせまくなり、自由な発想が浮かばない。少し時間をおくことで、突然アイデアが思い浮かぶこともあるそうです。

知らないことを知っている集まり「アイデア工房」

竹内さんは、さまざまな分野の専門家を集めて「アイデア工房」という集まりを開きます。前向きな考えの人たちとそこで議論を戦わせることで、自分の処理能力以上のアイデアがでてくることがあると言います。

開発段階のアイデアも売りこむ

竹内さんは、製品がまだ開発途中でも「できる」と言いきります。40パーセントくらいできるかなと思った時点で「できますよ」と宣言することが多いそうです。宣言することによって、逃げ道をなくし、信念をもって開発に邁進するのです。

開発した製品を見にいく

竹内さんは、仕事の合間をぬって、開発した製品が実際につかわれているようすを見にいきます。竹内さんにとって、自ら手がけた独自製品は、自分の子どものように愛おしいそうです。そして、その製品が現場でがんばることで、日本のものづくりの未来に役立つと信じているのです。

プロフェッショナルの格言

独自商品を開発する、竹内宏さんのことばを心にきざもう。

二番せんじをじょうずにやってもだめ

二番せんじをいくらじょうずにやっても、だれも評価してくれないと言う竹内さん。明日に備えてどこにもない製品を開発してこそ、時代を先どりできると考えます。

信念さえあれば開発できる

「これでひき下がるわけにはいかない。これで継続を断念するわけにはいかない。そんな思いが信念に伝わってくるのでしょうね」どんなに困難な開発でも、強い信念をもって開発している竹内さんです。

何もしなければ何も生まれない

「何百回も何千回も失敗している。ただ、失敗することによって新たな解決方法は見つかる。何もしなければ何も生まれないけれども、失敗すれば、失敗の数だけ解決方法がある」と、竹内さんは言います。

突きつめたものにこそ、魅力は宿る

フィギュアメーカー社長

宮脇修一

その人がつくるのは、てのひらに乗る芸術品、フィギュア。
「本物かと思う」「生きているような躍動感！」
マニアもうなる、圧倒的なクオリティーだ。
大衆の好みにはなびかず、つくりたいものしかつくらない。
金のために信念を曲げた、過去の自分がむなしかったから。
好きな場所でこそ輝ける仲間たちとともに
よいと信じたものだけ生みだそう。
そのかわり、好きな気持ちはほかのだれにも負けはしない。
そんな思いは、いつしかフィギュアの業界全体を
ひっぱっていくほどの大きな流れになっていった。
好きなことを仕事にした、彼らの闘いの日々に密着する。

✳秋葉原の巨人

東京・秋葉原の街角で、路上で売られるカプセル入りのおもちゃに、熱いまなざしを向けている男の人がいます。

「あのー、写真とかって、撮っちゃってもいいですか？」

彼に気づいた女性が声をかけました。

「いいですよ」

笑顔で写真におさまると、こんどは近寄ってきた男性からサインをたのまれ、快く応じています。

「うれしいです、宝物にします！」

そう言われて照れるのは、宮脇修一さん。フィギュアづくりを手がけるフィギュアメーカー「海洋堂」の社長です。

フィギュアは、人や動物、アニメなどのキャラクターの姿を模した人形です。宮脇さんの会社がつくっているフィギュアは品質の高さで知られ、マニアのあいだで彼はちょっとした有名人なのです。

宮脇さんの会社があるのは、大阪府門真市。屋上には2体の恐竜、玄関の上には巨大な大魔神がそびえ立っています。

朝9時。会社の駐車場におかれたラジオから、音楽が流れはじめました。

「ラジオ体操第一～。よーい、はじめっ」

始業前に、社員そろって体操をするのが会社の決まりです。「みんな運動不足だから、せめて朝だけでも体を動かそう」と、宮脇さんが義務づけました。

社員40人は、いずれおとらぬフィギュアマニア。仕事がはじまると、時間をわすれてのめりこむ人が多いのです。

フィギュアづくりのかなめは、「原型」をつくる作業です。

同じ形のフィギュアをたくさんつくるには、まず、粘土やパテなどを材料にして、フィギュアのもとになるひな形「原型」を用意します。原型の型をとり、その型に金属を流しこんで金型をつくります。

■ フィギュアの原型から製品まで

実際にフィギュアがどのようにつくられ、製品として売りだされていくのかを紹介します。

原型づくり

どんなフィギュアをつくるかを決めて、フィギュアの大もととなる「原型」をつくる。

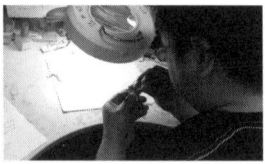

↓

型どり

原型を量産するため、特殊な素材の樹脂で原型の型どりをする。

→

金型づくり

特殊な素材の樹脂で型どりしたものに金属を流し、金型をつくる。

↓

着彩

金型づくりと同時に、でき上がった見本に色をつける。これが商品のパッケージにつかわれる完成見本や、工場で色をつけるときのサンプルになる。

→

工場量産・販売

金型をつかって工場で量産する。フィギュアのでき上がり。検品や箱づめをして、商品として店に並ぶ。

写真：海洋堂

フィギュアのできは、大もととなる原型にかかっているといっても過言ではありません。その原型をつくる人が「造形師」。造形師は、技術だけでなくセンスも求められるのです。

宮脇さんの会社の造形師たちは、業界に名をとどろかせている精鋭ぞろいです。

たとえば、動物フィギュアの鬼とよばれるのが松村しのぶさん。どんな小さなフィギュアもきわめて精密につくり上げ、生物の骨格からも、それが生きていた姿をつくりだすことができます。その腕は動物学者も舌を巻くほどです。

そんな松村さんのもとへは、一流博物館からもフィギュアづくりの依頼がきます。

ニューヨークにあるアメリカ自然史博物館から寄せられたのは、恐竜の骨格標本からその恐竜の復元モ

© KAIYODO

松村さんが手がけた恐竜フィギュア。

デルをつくって欲しいという注文でした。日本でも、福井県で出土した古代ワニの化石から復元模型をつくり上げ、博物館に収蔵されています。また、生物に関するテレビ番組や、恐竜イベントのための模型も数多く手がけているのです。

可動式フィギュアのエキスパートは、山口勝久さん。関節を動かせるフィギュアを得意とし、動かせる範囲や角度、決めポーズへのこだわりに、大勢のファンがとりこになっています。

これまでの動くフィギュアは、ただ関節が曲がったり、腕や脚がつけ根から回ったりするだけのものでした。

ⓒカラー

山口さん作の可動式フィギュア。

けれど山口さんは、迫力あるポーズを表現させるために、そのポーズのために必要な部分を動かせる「山口式可動」という造形フィギュアを考案したのです。

美少女フィギュアの世界で知らぬ者のない造形師は、通称「ボーメ」さん。

イラストレーションやアニメーションの平面世界を、立体のフィギュアに生まれ変わらせるその技には、だれもが注目しています。

とくにボーメさんは、イラストレーションやアニメーションの美少女キャラクターを、立体のフィギュアに生まれ変わらせました。

いまでは当たり前にある美少女フィギュアですが、ボーメさんこそが、そのジャンルを築き上げた人なのです。ボーメさんは、すでにあるキャラクターだけでなく、自分自身で美少女キャラクターを生みだすこともあります。そのフィギュアも、ファンの間で大人気です。

そんなボーメさんのつくりだす美少女フィギュアは、海外でも高く評価されています。1998年には、ニューヨークのアートギャラリーで作品展をおこない、2001年には、パリのカルティエ美術館からポピュラーアート展への出展を依頼

ⓒうたたねひろゆき／コミックハウス

ボーメさんの代表作「鬼娘」

されて、5つの美少女フィギュアを展示。これはもはやアートだと、見た人をおどろかせました。

そして、ウルトラマンなどの特撮ヒーローのフィギュアをつくらせたら、右に出るものはいないスゴ腕造形師は、木下隆志さん。

木下さんの表現力は思わぬ分野でも発揮され、ことに評判になったのが、国宝「阿修羅像」のフィギュアです。ポーズはもちろん、細やかな表情や欠けた箇所までを忠実に再現。東京国立博物館での「国宝　阿修羅展」で発売され、約2週間ですべて売り切れてしまいました。

こうした個性派ぞろいのスタッフを率いて、次々とヒット商品を生みだしてきたのが、社長である宮脇さんでした。

ある日、宮脇さんは、会社の開発部の

© KAIYODO

木下さんが手がけた「阿修羅像」。

部長と、これから販売するフィギュアについて話をはじめました。つくろうとしているのは、日本の各地域に生息する動物シリーズ。値段はひとつ300円。ふたりは四国地方の動物を8種類選んでいました。

「カワウソは絶対つくるんやけど、それ以外は……」

と宮脇さんが言うと、

「クジラを入れて欲しいな」

と、部長。

「土佐のクジラか。クジラといえばニタリクジラかマッコウクジラのどっちかやね」

ふつう、ものをつくる会社は、いま世の中でどんなものがはやっているか、消費者がどんなものを欲しがっているかを事前に調べます。つくっても売れないとこまるからです。でも、宮脇さんたちは、その調査をいっさいしません。

「ウナギはだめ。細いやつってのは、フィギュアにしたとき映えないから」

「ヘビほどウニュウニュしてくれりゃいいけど、確かにウナギはとぐろを巻けるわけでもないからね」

自分たちならではの感覚で、ピンとくるものを決めていきます。

中でも宮脇さんが強く興味をひかれたのは、「ヒラズゲンセイ」という昆虫でした。四国の地元でもあまり知られていない虫でしたが、

「体が全身真っ赤というのがおもしろそう！」

と、インパクトで選びました。

どんなフィギュアをつくるか考えるとき、宮脇さんたちにはけっしてぶれない基準があるのです。

〝客が欲しがるもの〟ではなく、〝自分が欲しいもの〟をつくる

「人が欲しいものを提供するんじゃなくて、ぼくらのほうから提案したい。『こんなおもしろいもんあるぞ、ほら、おまえらもぼくらといっしょに楽しめや』、と。自分たちのつくった好きなものを世の中に生みだして、評価されたいんだ」

会社のメンバーだれもが、そう思っています。

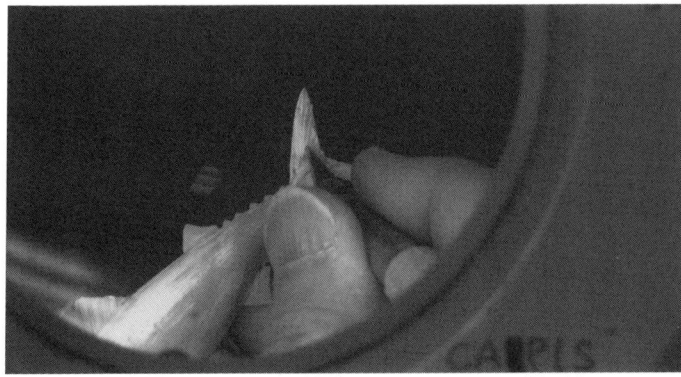

マサバの原型制作。1ミリ以下の間隔ですじをきざみこむ匠の技。

自分が欲しいものしかつくらない。そのかわり、つくるものの品質には、絶対に妥協しません。

「それでええんか？　それでええんか？」と、自らに問い続けながら、自分たちが納得できるまでつくり直します。わずか300円で売るフィギュアでも、期日ぎりぎりまでねばってよいものをつくろうとするのです。

たとえばその日はこんな仕事が進行中でした。

魚の「マサバ」のフィギュアをつくっているのは、造形師の寺岡邦明さん。デスクの上には、本物のマサバをおき、それを見ながら、尾びれにあるすじを1本1本、1ミリよりせまい間隔できざんでいました。

「魚によって尾びれの形はちがうし、すじの入り方もちがう。やっぱりそこは適当ではまずいと思うんだ」

そう言いながら寺岡さんは、人が気づかないような細部まで、けっしておろそかにしませんでした。

かたや、生物フィギュアの色つけを担当していた古田悟郎さんは、手がける生き物の情報を得るためにあらゆる手をつくします。海外の文献を調べたり、知り合いの研究者に聞いてみたり。参加費をはらって、は虫類学会などに出席することもあります。学会は、学者が集まって研究の成果などを発表する場。古田さんは、そこで最新情報を集めているのです。

今回新たにつくりはじめた四国の昆虫「ヒラズゲンセイ」にも、そのこだわりはつらぬかれました。

ヒラズゲンセイを担当した造形師の松村さんは、その特徴であるあごを、より印象的にしたいと考え、そこだけ縮尺よりもわずかに大きくつくることにしました。

「メスをつかまえたり、オス同士が闘ったりする虫だから、真っすぐよりもちょっと

完成したヒラズゲンセイの原型。まるで生きているよう。

顔を下にしてあごも全開という、そういうほうが〝らしい〟かなと思う。そのほうがかっこいい」

そう言うと、図鑑では閉じていたあごを、大きく開かせることにしたのです。

社員をまとめている宮脇さんは、実際の作業がはじまったら、造形師に細かな注文はだしません。

「造形師の、つくろうとするものに対する自分なりの考えや、表現のしかたのちがいこそが、フィギュアの個性や魅力になるから」

そう考えているのです。

完成したヒラズゲンセイの原型は、まるで生きているような、躍動感あふれる姿に仕上がりました。

✳空虚な日々

「これ見てるだけで、ご飯が3杯、食べられるなあ」

今日も宮脇さんは、自分のデスクでフィギュアを手にし、その姿を愛でています。

「うーん、いいねえ。この辺の重なり具合とか、この演出具合はたまらんねえ。見てるだけで幸せな気分になって、心が豊かになるわ」

宮脇さんは仕事にメリハリをつけるため、勤務は夕方6時までと決めています。でもそのあとも、しばらくは会社にのこって、仕事ではないフィギュアづくりに熱中します。

その日は、体長1メートルほどのゴジラのフィギュアに、色を塗っていました。

「口の中だけツヤありにしたいね、ギトギトにね。ギラギラ光らせよう」

ひとしきり遊んで、帰宅したのは夜10時。

「はい、ただいま〜」

玄関をくぐると、そこからまた趣味の模型をつくりはじめます。その夜うれしそ

夜、自宅にもどってからも、趣味で模型をつくる宮脇さん。

うに色をつけていたのは、戦艦の模型。秋葉原の模型店で、「心の栄養！」と言いながら山積みで買ってきた模型のひとつです。

お盆も正月も関係なく、365日24時間、フィギュアに関わる宮脇さん。そこには、たんに好きだという理由を超えた、ひとつの戦いがありました。

〝好き〟にかけて、だれにも負けない

「好きなことを仕事にしていくという闘いをはじめてしまった以上、甘えることはできない。その程度のことで、好きと言うとったらアカンやろ」

宮脇さんは、つねに自分をいましめます。

フィギュアファンは、それが大好きで、きびしい目と強いこだわりをもっている人がたくさんいます。そんなマニアを大勢相手にし、それでもなお「さすがだ！」と言わせる仕事をしたいのです。

「そのためには、だれよりも自分が、フィギュアにのめりこまないと！　そうやってどんどんどん、細く深く入りこんで追求する。研究者・探求者でなければいけない。それが、オタク資質をもってしまった者の宿命やね」

宮脇さんは、いつもそう言って笑います。

好きなことを仕事にする宮脇さんの生き方は、いつ頃からどのように育まれたのでしょ

模型づくりにのめりこんでいった少年時代の宮脇さん。

うか。

宮脇さんがフィギュアへの道を歩みはじめたのは、7歳のときでした。マグロ漁師や貸本屋をやっていた父が、模型店をはじめたのがきっかけでした。

戦艦や戦車、車などの模型は、少年にとっては宝の山。それに囲まれた宮脇さんは、模型づくりの腕をめきめき上げていきました。

おとなの客の相談にも乗るほどで、中学卒業とともに、宮脇さんは迷わず父の店で働きはじめました。模型を売りながら、そのつくり方や楽しみ方を、客に手とり足とり教えていったのです。

「好きなことで暮らしていける！」

そう喜びましたが、それは思いえがいたような楽しい道ではありませんでした。

動力つきの自動車模型「スロットカー」を走らせるためのサーキット場をオープンさせたものの、やがて模型ブームは終わり、店は大赤字となってしまいます。

貸金業者からお金を借りてやりくりしようとしましたが、家賃の支払いだけで月に50万円が消え、お金を返すことができません。

知り合いに「お金を貸してください」とたのんで回ると、その人たちは、頭を下げる宮脇さんをあざ笑ったのです。

「模型屋なんてやっていけるはずがないから、店をたたんだら？」

宮脇さんは思い知りました。

（みんな、模型屋ごときにお金を貸すものかと思ってる。この仕事は、信用もされていないし、みとめられてもいないのか……）

やむを得ず、宮脇さんは店の空きスペースに当時流行していたゲーム機をおいてみました。すると、急に客が増えはじめたのです。

利益は上がりはじめましたが、宮脇さんは複雑な気持ちでした。

「何もせんと、『はいジャラジャラー』と勝手に機械がお金を上げてくれる。正直、負けたなぁ……」

好きな模型では食べていけない。そのくやしさにもんもんとしながら、毎日がただむなしくすぎていきました。

そんなある日。なじみの客が、不思議なものをもってきました。

「歯医者で歯形をとるためにつかう道具だよ。これをつかえば、自分でつくったフィギュアを、精密に複製することができるんだ」

宮脇さんに衝撃が走りました。

「大手メーカーでもない自分たちでも、原型さえつくれば、フィギュアの製造元になれるのか！」

つくりたいものはいくらでもあります。すぐに仲間に声をかけ、大手がつくらないような、マニアックなフィギュアをつくりはじめました。

そうして27歳のとき、宮脇さんはひとつの決意を固めたのです。

「だれもまねできないものをつくる仕事に、自分のすべてをかける！」

そして、あとにはひけないように、ゲーム機を店から撤去し、プラモデルの販売もやめてしまいました。自分の時間のすべてを、フィギュアの企画と制作についやすことにしたのです。

すると数か月後。宮脇さんの店には、腕におぼえのある客たちが、自分のフィギュア作品をもち寄って競いはじめるようになりました。

いま、同じ会社で働く造形師のボーメさんは、当時学生ながら、熱心に店にかよっていた人です。動物フィギュアに天才的な才能を見せる松村さんも、イラストレーターの仕事をしながら店に顔をだしていました。

「みんな、ぼくよりはるかにフィギュアづくりがうまい」

けれど宮脇さんは、不思議とくやしくありません。それより、こう思ったのです。

「彼らがつくるフィギュアを世にだしたい！」

宮脇さんは、制作はみんなにまかせ、商品の企画と販売に取り組みはじめました。とりわけ力を入れたのが、松村さんの動物フィギュアでした。一流の腕にもかかわらず、「動物」というジャンルじたいに人気がなくて、思うように売れなかったからです。

それでも宮脇さんは、売上げのことで松村さんをせめることはいっさいしませんでした。

「松村君のすごさは本物だ。存在じたいがずばぬけている」
博物館に売りこみをかけるなど、魅力を知ってもらう努力を続けたのです。

そうして13年がたったある日、お菓子メーカーからこんな話が舞いこみました。
「お菓子のおまけをつくってくれませんか」
それは、卵型のチョコレートの中に入れるおまけでした。
ヨーロッパやアメリカには、卵型のチョコの中におもちゃが入っているお菓子がよくあります。日本でも、チョコを割るまでどんなおまけが入っているかわからないお菓子をつくれば、子どもたちが夢中になるとメーカーは考えていたのです。
ところが、試しにつくって販売してみたものは、あまりよい評判になりませんでした。肝心のおもちゃの質が悪かったからです。そこで、宮脇さんの会社にフィギュアをつくってくれないかと依頼したのです。
宮脇さんは、こう提案しました。
「そのおまけは、動物フィギュアにしませんか？」

ⓒKAIYODO

松村さんが手がけたチョコのおまけ。

担当する造形師はもちろん、〝動物オタク〟の松村さんです。技術だけでなく、どんな動物をフィギュアにするかという松村さんならではの選択にも、きっと多くの人がハマるはずだと考えたのです。

ところがメーカーは、「動物」と聞いてあまり気が進みませんでした。そのころは、キャラクターものが人気の時代だったので、動物のおまけを欲しがる人がいるだろうかと不安だったからです。それでも宮脇さんは「動物でいきたい」と説得を重ね、メーカーは根負けして、ゴーサインをだしたのです。

松村さんは、さっそく24種類のフィギュアをつくりました。タンチョウ、ツキノワグマ、オコジョ、アカハライモリ、ジンベエザメ、ニホンイシガメ、アマミノクロウサギ……。日本に生息する動物たちのフィギュアは、どれも本物そっくりで、まるで立体の動物図鑑です。

チョコはじわりじわりと売れはじめました。すると間もなく、思わぬことがおきたのです。

「チョコのおまけに、すごいものが入っている！」

そう気づいたのは、動物や博物学の専門家たちでした。すぐに業界内で評判となり、そうこうするうちに、とある昆虫館が、「いっしょに企画展をおこないたい」とお菓子メーカーに依頼してきました。

宮脇さんはおどろきましたが、松村さんの腕を思えば、当然だとも思いました。松村さんのフィギュアは、生物の体や生態をよく知る人をもうならせるほどのできばえだということが、これではっきりしたわけです。

こうした評判を聞きつけ、テレビや雑誌などがこのチョコの話題をとり上げるようになると、フィギュア入りのチョコレートは爆発的に売れはじめました。子どもだけでなくおとなまでが夢中になり、全種類のコレクションをはじめる人も続出しました。こうしてチョコレートは総計1億3000万個も売り上げたのです。

これをきっかけに、宮脇さんたちのフィギュアと「海洋堂」の名前は、一部のマニアたちのあいだだけでなく、広く一般の人にも知られるようになりました。会社の存在感は一気に高まり、自分たちが主体となってつくるものを選んだり、できたものに会社の名前をきちんとつけたりすることも、できるようになったのです。

この経験から、宮脇さんは覚悟を決めました。

好きにかけて、負けてたまるか

「けっして楽な道ではない。さげすまれることもある。でも、好きな場所でこそ輝ける、自分と仲間がいる。だれがどう思おうと、こんな人生は楽しい！」

宮脇さんは、いまもそんな仲間を増やそうとしています。

そのひとつが、現在は宮脇さんたち海洋堂が主催している「ワンダーフェスティ

写真：海洋堂

世界最大のフィギュアのイベント「ワンダーフェスティバル」。

バル」というフィギュアや模型のイベントです。プロ・アマチュアを問わずフィギュアなどをつくっている人たちが集って、自分たちのつくる作品を見せたり販売する場で、毎年2回、日本で開催されています。その規模は年々大きくなっており、いまではフィギュアのイベントとして世界最大のものになりました。

このイベントがはじまったのは1980年代。「自分たちの本当に欲しい圧倒的な質の模型をつくり、そのできをみんなに見て欲しい」という思いからはじまったものでした。

回を重ねるごとに模型やフィギュア好きの一般の人にも知られるようになり、次第に大規模な会場でおこなわれ、お祭り状態の大人気イベントになっていきました。

宮脇さんにとって、イベントの規模が大きくなることは夢にまで見た光景でした。これまでマニアだけのものだった模型の世界が、広く一般の人にも知られ、みとめられるようになったのです。

ただ、同時に不安も感じはじめました。

ポピュラーになったワンダーフェスティバルでは、模型やフィギュアのつくりのすばらしさよりも、その作品が人気のあるキャラクターかどうかということのほうがもてはやされるようになってきたからです。

それは宮脇さんたちが望んでいることではありません。たとえだれも知らないオリジナルの造形物だとしても、ほかを圧倒するほどの質のよい作品と、それをつくれる人に出会いたいのです。

そこで宮脇さんたちは、フェスティバルの人混みの中に有能な人がうもれないように、キラリと光る本物の才能を見いだし、世に送りだすしくみを考えました。「ワンダーショウケース」とよばれるプロジェクトです。

ⓒラグランジェ・プロジェクト

航空機模型の作者に話を聞く宮脇さん。

ある週末、宮脇さんは東京で、ひとりの男性と会っていました。

航空機模型の作者、通称「イグルーシカ」さんという、ワンダーショウケースで宮脇さんたちが発掘した人です。

「オリジナル航空機をこれまでもつくってはったんですか？」

「そうですねえ。あと、ゲームにでてくるものをつくったり」

宮脇さんは、彼がつくった戦闘機の模型をじっくり見ながら、材料やつくり方を細かく質問していました。

「この曲面の素材は？」

「プラ板をつかってます」
「プラ板だけで？　積層で？」
プラスチックの板をはりあわせて厚く積層したものを、鉄やすりで少しずつけずり、そうして架空の戦闘機や戦闘機に変形するロボットなどをつくっているという男性に、宮脇さんはワクワクしていました。その手法は、フィギュアの世界では１９８０年代のもので、そのようなつくり方をする人はもういないと思っていたからです。
（まさに絶滅危惧のつくり手だ。しかもこのクオリティーとは！）
宮脇さんはその人のつくった戦闘機に見入りながら、懐かしさだけでなく新しさも感じていました。
このときのワンダーフェスティバルに参加した売り手は１８６６人。そのうち、ワンダーショウケースで発掘されたつくり手は、イグルーシカさんをふくめて３名でした。
宮脇さんは、本人が望めば、こうしたつくり手の作品を、費用を負担して製品化しようと考えています。才能のある人を見つけて世にだすことは、ワンダーフェスティバルに参加している大勢の人たちの刺激になり、もしフリーマーケットに出品するような軽い気分の人がいるとしたら、その気持ちに活を入れることにもなるでしょう。

宮脇さんは、自分がこの世界に入ったときのような、「自分が本当に欲しい、圧倒的な質の作品をつくる」というフィギュアづくりの精神を消したくないのです。

ワンダーフェスティバルへの出展の数は、ゆるやかながらも年々増えています。原型からフィギュアをつくる従来の造形だけでなく、デジタルで原型をつくるデジタル造形という新たな波もあとおしし、そのクオリティーや造形の幅は拡大していくと、宮脇さんは実感しています。

いまでは、フィギュアを学問として教える美術系の大学や専門学校も増えてきていて、これからますますフィギュアが市民権を得ていくことに、うたがう余地はありません。

しかしその一方で、これだけ多くの作品の中からワンダーショウケースに選ばれた作家たちの作品が、ワンダーフェスティバル自体では思うほど注目されていないということも、現実なのだと宮脇さんは言います。

「フィギュアの業界自体が拡大してきたことで、造形の質、作家のこだわりや個性、本来のフィギュアのもつ美しさなどが全体にうすまっている……。それでも、ぼくがワンダーフェスティバルの代表でいるあいだは、ひたすらそういった造形の本質、造形のスピリッツをつらぬいて、イベントに参加している人たちにその思いを伝えていきたい」

フィギュアにちょっと興味があるという初心者に向けてのしかけも考え続けていきたいと、宮脇さんはつねに前を向いています。

「もうひとがんばり、ふたがんばり、さんがんばりせなあかんね」

好きなことを仕事にする闘いは、まだまだ続いていくのです。

プロフェッショナルとは

その世界において、かえがきかない人間。それは高い才能をもったり、すばらしい製作能力をもったり、情熱をもったりして、ひたすらですね、自分に対して問題意識をもって、前に進み続けることができる、そういう人間だと思います。

第206回2013年7月8日放送

こんなところがプロフェッショナル！

フィギュアに情熱を燃やす、宮脇修一さん。
こんなところがすごいよ。

模型の疲れは模型でとる

仕事のあとも、休みの日にもフィギュアと関わる宮脇さん。出張があると、出張先にプラモデルを事前に送っておき、制作にのめりこむ徹底ぶりです。

あるものへの不満、ないことへの不満

宮脇さんがフィギュアをつくろうと思った出発点は、現状のフィギュアへの不満からでした。「自分だったらこうやってつくる」「ないものはつくってしまおう」という気持ちは、いまもだいじな原動力になっています。

本物よりも本物らしく

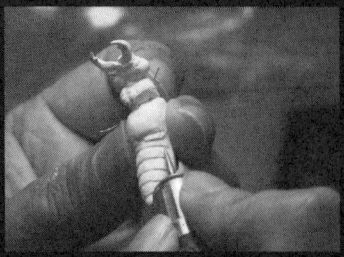

実物を小さくするフィギュアで実物のようなインパクトをあたえるには、実物のコピーではなく、印象を大切にする。それが、「本物より本物らしい」と言われる、リアルなフィギュアをつくりだしています。

大学で教鞭をとる

２０１３年から芸術系の大学で教授として、フィギュアのつくり方や業界についてなどを教えている宮脇さん。生徒たちにも、好きなことを追求してフィギュアづくりをして欲しいと考えています。

プロフェッショナルの格言

フィギュアメーカー社長、宮脇修一さんのことばを心にきざもう。

自分が欲しいものしかつくらない

宮脇さんたちがフィギュアをつくるとき、世の中の流行や、人が欲しいものなどの調査はしません。自分たちが本当に欲しいと思うものを徹底的にこだわって、つくり上げていくのです。

"好き"にかけてだれにも負けない

「好きなことを仕事にしている以上、甘えることはできない」と宮脇さんは言いきります。だれよりも深く、研究と探求をすることが、オタク資質をもったものの宿命だと考えているからです。

それでええんか？と問い続ける

納得できるクオリティーを追求するため、まずは精密に精密に。細部までつきつめ、「それでええんか？それでええんか？」と自分に問い続ける。宮脇さんは、こうしてこだわりぬいたものを世に送りだすのです。

NHK
プロフェッショナル
仕事の流儀

■ 執　筆　金田妙
■ 編集協力　株式会社 NHK出版
■ デザイン・レイアウト　有限会社チャダル
■ イラスト　門司美恵子、池下章裕
■ 協　力　株式会社 NejiLaw、井上特殊鋼株式会社、株式会社山崎機械製作所、筑波大学サイバニクス研究センター、CYBERDYNE 株式会社、宇宙航空研究開発機構（JAXA）、株式会社新興セルビック、ゼブラ株式会社、オリンパス株式会社、株式会社海洋堂
■ 写真協力　筑波大学サイバニクス研究センター、CYBERDYNE 株式会社、読売新聞社、株式会社海洋堂
■ 校　正　田川多美恵
■ 編　集　株式会社アルバ
■ カバーイラスト　usi

NHK プロフェッショナル 仕事の流儀 3
創造するプロフェッショナル

発　行　2018 年 4 月　第 1 刷

編　者　NHK「プロフェッショナル」制作班

発行者　長谷川 均
編　集　崎山貴弘
発行所　株式会社ポプラ社
〒160-8565　東京都新宿区大京町 22-1
振　替：00140-3-149271
電　話：03-3357-2212（営業）
03-3357-2635（編集）

ホームページ　www.poplar.co.jp
印刷・製本　中央精版印刷株式会社
©NHK
N.D.C.916/191 P/20cm　ISBN 978-4-591-15759-6
Printed in Japan

落丁本・乱丁本は、送料小社負担でお取り替えいたします。小社製作部宛にご連絡ください。電話：0120-666-553　受付時間：月～金曜日、9：00～17：00（祝日・休日は除く）。本書のコピー、スキャン、デジタル化等の無断複製は著作権法上での例外を除き、禁じられています。本書を代行業者等の第三者に依頼してスキャンやデジタル化することは、たとえ個人や家庭内での利用であっても著作権法上認められておりません。

NHK

プロフェッショナル

仕事の流儀

編：NHK「プロフェッショナル」制作班

全8巻

小学校高学年以上

N.D.C.916

四六判

仕事にかけるプロフェッショナルたちを紹介

1 革新をもとめるプロフェッショナル

自動車整備士・小山明、小山博久／引っ越し作業員・伊藤秀男／ビル清掃・新津春子／クリーニング師・古田武／義肢装具士・臼井二美男

2 技をきわめるプロフェッショナル

パン職人・竹内久典／ぎょう鉄職人・葛原幸一／時計職人・松浦敬一／うなぎ職人・金本兼次郎／そば打ち職人・高橋邦弘

3 創造するプロフェッショナル

発明家・道脇裕／ロボット研究・山海嘉之／工学博士・國中均／町工場経営者・竹内宏／フィギュアメーカー社長・宮脇修一

4 命と向きあうプロフェッショナル

助産師・神谷整子／小児外科医・山高篤行／ウイルス学者・高田礼人／介護福祉士・和田行男／獣医師・蓮岡元一

5 くらしをささえるプロフェッショナル

鉄道ダイヤ作成・牛田貢平／クレーン運転士・上坪茂／保育士・野島千恵子／水道技術者・笑喜久文／地方公務員・寺本英仁／困窮者支援・奥田知志

6 食をささえるプロフェッショナル

りんご農家・木村秋則／肉牛農家・鎌田秀利／カキ養殖・畠山重篤／チーズ農家・吉田全作／カツオ漁師・明神学武

7 表現するプロフェッショナル

バイオリニスト・五嶋みどり／狂言師・野村萬斎／ガーデンデザイナー・ポール・スミザー／バスガイド・崎原真弓／書体デザイナー・藤田重信

8 信念をつらぬくプロフェッショナル

プロサッカー監督・森保一／囲碁棋士・井山裕太／恐竜学者・小林快次／歯科医・熊谷崇／建築家・大島芳彦